普通高等教育“十四五”规划教材

化学工程与工艺专业实验

钟 璟　刘英杰　刘文杰◎主编

中国石化出版社
·北京·

内 容 提 要

本书在介绍实验室安全知识和实验报告要求的基础上，针对化学工程与工艺专业所涉及的主要实验进行介绍，包括化工热力学实验、化工分离技术实验、化学反应工程实验、化工工艺实验和研究开发实验等。其中化工工艺实验又按照培养方向分为石油化工实验、有机化工实验、精细化工实验和无机化工实验四部分。实验针对实验目的、实验原理、实验装置及试剂、实验步骤及方法、实验数据处理等内容进行详细阐述，并附有思考题供学生参考。

本书遵循工程教育认证标准，从实验环节强化学生的动手能力和创新能力，以培养卓越工程人才为目的，非常适合作为普通高等院校化学工程与工艺及相关专业的本科生和研究生的实验教材，也可作为化工企业对职工进行技能培训的教材。

图书在版编目(CIP)数据

化学工程与工艺专业实验 / 钟璟，刘英杰，刘文杰主编. — 北京 ：中国石化出版社，2024. 12. —（普通高等教育“十四五”规划教材）. — ISBN 978-7-5114-7769-9

Ⅰ. TQ016

中国国家版本馆 CIP 数据核字第 2025B180Y4 号

中国石化出版社出版发行

地址：北京市东城区安定门外大街 58 号

邮编：100011　电话：(010)57512500

发行部电话：(010)57512575

http://www.sinopec-press.com

E-mail：press@sinopec.com

河北宝昌佳彩印刷有限公司印刷

全国各地新华书店经销

*

787 毫米×1092 毫米 16 开本 8.25 印张 186 千字

2024 年 12 月第 1 版　2024 年 12 月第 1 次印刷

定价：28.00 元

前言

Foreword

化学工程与工艺专业实验是本专业学生的核心实践环节之一，它基于学生已掌握的基础化学知识，作为一门单独开设的综合性、设计性实验课程，对于提升学生的实践能力具有至关重要的作用。

本书共分六个部分，24 个实验。第 1 章对实验室安全知识及实验报告要求进行了阐述；对应工程教育认证对化学工程与工艺专业实验的补充要求，第 2 章至第 6 章分别阐述化工热力学实验、化工分离技术实验、化学反应工程实验、化工工艺实验和研究开发实验五大模块。根据石油石化专业学生的培养特色，本书化工工艺实验包括了石油化工实验、有机化工实验、精细化工实验和无机化工实验，满足不同方向学生的专业实验需求。

本书由常州大学钟璟、刘英杰、刘文杰主编，钟璟负责全书整体框架的设计，刘英杰负责统稿和部分章节的编写，刘文杰负责章节整理。另有石剑负责石油化工和原位溶胶-凝胶法制备镍基催化剂及苯加氢制备环己烷实验的编写，陆天丹负责连续流微反应器换热效率的测定和邻对位活化的苯环卤素取代实验的编写，张娜负责 CO_2 临界状态观测及 p-v-T 关系测试实验的编写，杨柳新负责反应精馏法制乙酸乙酯实验的编写，郭猛和潘阳负责 CO_2 气相膜分离实验的编写，文成龙负责流化床反应器流动性能测定实验的编写，周满负责生物柴油的制备实验的编写，温哲负责碳酸二甲酯合成季铵盐类阳离子表面活性剂实验的编写，郝晓琼负责 CO_2 电还原制合成气实验的编写。

本书可作为高等院校，尤其是石油化工类高等院校化工及其相关专业的本科生和研究生实验教材，也可作为化工企业职工技能培训用教材。

由于编者水平有限，本书定有不少欠缺之处，敬请广大读者批评指正。

目录

Contents

第1章　实验室安全知识及实验报告要求 / 1

第2章　化工热力学实验 / 5

实验1　二元体系气液平衡数据的测定 / 5

实验2　CO_2临界状态观测及 p-v-T 关系测试 / 7

实验3　连续流微反应器换热效率的测定 / 11

第3章　化工分离技术实验 / 15

实验4　反应精馏法制乙酸乙酯 / 15

实验5　CO_2气相膜分离 / 18

实验6　超临界流体萃取高附加值产品 / 22

第4章　化学反应工程实验 / 25

实验7　管式循环反应器停留时间测定 / 25

实验8　连续流动反应器中的返混测定 / 27

实验9　流化床反应器流动性能测定 / 30

§9-1　气-固流化床系统 / 30

§9-2　液-固流化床系统 / 35

第5章　化工工艺实验 / 39

石油化工实验 / 39

实验10　石油产品的性质测定 / 39

§10-1　石油产品密度测定(比重瓶法)[参考 GB/T 13377—2010] / 39

§ 10-2 石油产品馏程测定[参考 GB/T 255—1977] / 42
§ 10-3 石油运动黏度测定[参考 GB 265—1988] / 46
§ 10-4 石油产品闪点测定(宾斯基-马丁闭口杯法)
[参考 GB/T 261—2021] / 50
§ 10-5 石油产品闪点与燃点测定法(克利夫兰开口杯法)
[参考 GB/T 3536—2008] / 54
§ 10-6 石油产品凝点测定[参考 GB/T 510—2018] / 57
§ 10-7 石油产品残炭测定法(电炉法)[参考 SH/T 0170—2000] / 60
§ 10-8 轻质烃及发动机燃料和其他油品中总硫含量的测定 紫外荧光法
[参考 GB/T 34100—2017] / 63
实验 11 润滑油馏分的溶剂精制 / 67
实验 12 固定流化床重油催化裂化反应 / 71
有机化工实验 / 75
实验 13 乙苯脱氢制苯乙烯 / 75
实验 14 邻对位活化的苯环卤素取代 / 78
实验 15 生物柴油的制备 / 81
精细化工实验 / 85
实验 16 磺化聚苯乙烯型阳离子交换树脂的合成 / 85
实验 17 碳酸二甲酯合成季铵盐类阳离子表面活性剂 / 89
实验 18 间二硝基苯的选择性还原 / 91
无机化工实验 / 93
实验 19 纳米 TiO_2、Fe_2O_3的制备、表征及在降解环境污染物中的应用 / 93
实验 20 固体超强碱的制备及其性质测定 / 98
实验 21 沸石催化剂的制备与成型 / 101
第 6 章 研究开发实验 / 104
实验 22 Kolbe 法合成水杨酸 / 104
实验 23 原位溶胶-凝胶法制备镍基催化剂及苯加氢制备环己烷 / 109
实验 24 CO_2电还原制合成气 / 117
参考文献 / 125

第1章　实验室安全知识及实验报告要求

一、专业实验室一般安全守则

（1）进入实验室必须遵守实验室的各项规定，严格执行操作规程，做好各类记录。保证实验室观察窗的可视性，门口需张贴安全信息牌，并及时更新相关信息。

（2）保持实验室整洁和地面干燥，及时清理废旧物品，保持消防通道通畅，便于开、关电源及防护用品、消防器材等的取用。

（3）实验中人员不得脱岗，进行危险实验时需有2人同时在场。

（4）进入实验室应了解潜在的安全隐患和应急方式，采取适当的安全防护措施。对实验室安全出口应该有清晰的认知，特别是要明确安全喷淋设施设置位置，并知晓使用方法。

（5）必须穿戴好实验服和防护用具。实验中按操作要求，佩戴必要的护目镜、面罩、防毒面具、防护手套、安全帽等。使用前，应确认其使用范围、有效期及完好性等，熟悉其使用、维护和保养方法。

（6）不得穿高跟鞋、凉鞋、拖鞋和带金属钉鞋进入实验区域，不得赤脚、穿丝袜进入实验区域。不得穿裙子、七分裤、T恤等暴露手腕和脚踝的衣服，不得长发垂肩进入实验区域。禁止在实验室内吸烟、进食、使用燃烧型蚊香、睡觉等，禁止放置与实验无关的物品。不得在实验室内追逐、打闹。不得携带打火机、火柴、香烟等易燃物进入实验区域。

（7）对于特殊岗位和特种设备，需经过相应的培训，持证上岗。

（8）实验结束后，应及时清理；临时离开实验室，应随手锁门；最后离开实验室，应关闭水、电、气、门窗等。

（9）仪器设备不得开机过夜，如确有需要，必须采取必要的预防措施。特别要注意空调、电脑、循环冷却装置等也不得开机过夜。

（10）发现安全隐患或发生实验室事故，应及时采取措施，并报告实验室负责人。

二、实验室消防安全准则

1. 实验室常见火灾隐患

（1）实验室管理不规范，存在违反安全防火制度的情况。如不遵守实验室管理规定使用明火、吸烟等引燃周围易燃物。

（2）电源设置不合理，私拉乱接现象严重；使用接线板超过额定功率，造成短路；用电设备老旧，线路老化；用电设备使用完毕未及时断电，引发自燃；高温高压设备使用无人看守，突发情况等。

（3）易燃易爆化学品储存或使用不当。

（4）实验室未配备相应的灭火器材或者缺乏维护造成失效。

（5）实验室人员脱岗或缺乏消防技能，发生事故不能及时处理或初起火灾处置不当。

2. 实验室火灾预防

实验室人员要严格执行“实验室十不准”，即：

（1）不准吸烟；

（2）不准乱放杂物；

（3）不准实验时人员离岗、脱岗；

（4）不准堵塞安全通道，遮挡消防设施；

（5）不准违规使用电热器；

（6）不准违规私拉乱接电线；

（7）不准违反操作规程；

（8）不准将消防器材挪作他用；

（9）不准违规存放易燃易爆药品、物品；

（10）不准做饭、住宿。

3. 火灾处理

（1）火灾处理原则

① 初起火灾，应组织人员使用正确方法扑救，遵循“先控制、后扑灭，救人先于救火，先重点后一般”的原则。

② 火势蔓延失控时，应迅速撤离，并通知其他人有序撤离。

③ 当消防队抵达时，提供具体情况，确切的危险信息对于救援队至关重要。

（2）火灾处理程序

击碎火警警报玻璃，启动警报，或口头通知起火建筑里面的人疏散人群。确保安全时使用灭火器灭火，关闭窗户、门隔离区域，关闭起火区域的电源和设备。不可冒险，不能控制，立即离开现场。

4. 火灾报警

① 拨打“119”火灾报警电话。

② 使用报警设施设备如报警按钮报警。

③ 通过应急广播系统发布火警信息和疏散指示。

④ 条件允许时，可派人至就近消防站报警。

⑤ 使用预先约定的信号或方法报警。

5. 人身上着火处理办法

（1）切勿奔跑。

（2）最好脱下着火的衣服，匍匐及滚动身体灭火。

（3）旁人应以厚重衣物或被子覆盖着火部位，拍打熄灭火焰。

6. 实验室常见火灾扑救方法

（1）一旦失火，首先采取措施防止火势蔓延，应立即熄灭附近所有火源，切断电源，移开易燃易爆物品，并视火势大小，采取不同的扑救方法。

（2）对在容器中（如烧杯、烧瓶、热水漏斗等）发生的局部小火，可用石棉网、密封盖或者灭火毯等盖灭。

（3）有机溶剂在桌面或者地面上蔓延燃烧时，不得用水冲，可撒上细沙或用灭火毯灭火。

(4) 对钠、钾等金属着火，通常用干燥的细沙覆盖。严禁用水灭火，否则会导致猛烈的爆炸，也不能用二氧化碳灭火器。

(5) 若衣服着火，切勿慌张奔跑，以免风助火势。化纤织物最好立即脱除。一般小火可用湿抹布、灭火毯等包裹使火熄灭。若火势较大，可就近用水龙头浇灭。必要时可就地卧倒打滚，一方面防止火焰烧向头部，另外在地上压住着火处，使其熄灭。

(6) 在反应过程中，若因冲料、渗漏、油浴着火等引起反应体系着火时，情况比较危险，处理不当会加重火势。扑救时必须谨防冷水溅在着火处的玻璃仪器上，必须谨防灭火器材击破玻璃仪器，造成严重的泄漏而扩大火势。有效的扑灭方法是用几层灭火毯包住着火部位，隔绝空气使其熄灭，必要时在灭火毯上撒些细沙。若仍不奏效，必须使用灭火器，由火场的周围逐渐向中心处扑灭。

三、实验室废弃物的处置

1. 实验室废液处理的一般原则

(1) 分类收集法：按废弃物的类别、性质和状态分门别类收集，可分为易燃、易腐蚀、中毒、活性氧化剂、特别危险、易形成过氧化物质、低温储藏、在惰性条件下储存等。

(2) 按量收集法：根据实验过程中排出废弃物的量的多少或浓度高低予以收集。

(3) 相似归类收集法：性质或处理方式、方法等相似的废弃物应收集在一起。

(4) 单独收集法：危险废物应予以单独收集处理。

2. 实验室废弃物收集的一般原则

(1) 酸不能与活泼金属(如钠、钾、镁)、易燃有机物、氧化性物质、接触后即产生有毒气体的物质(如氰化物、硫化物及次卤酸盐)收集在一起。

(2) 碱不能与酸、铵盐、挥发性胺等收集在一起；易燃物不能与有氧化作用的酸或产生火花火焰的物质收集在一起。

(3) 过氧化物、氧化铜、氧化银、氧化汞、含氧酸及其盐类、高价态的金属离子等氧化剂不能与还原剂(如锌、碱金属、碱土金属、金属的氢化物、低价态的金属离子、醛、甲酸等)收集在一起。

(4) 会发出臭味的废液如硫醇、胺等和会产生有毒气体的废液如氰、磷化氢等，以及易燃性大的二硫化碳、乙醚之类废液，要把它们加以适当的处理，防止泄漏，并应尽快进行处理。

(5) 与空气易发生反应的废弃物(如黄磷遇空气即生火)应放在水中并盖紧瓶盖；含有过氧化物、硝化甘油之类爆炸性物质的废液，要谨慎地操作，并应尽快处理。

(6) 产生放射性废物和感染性废物的实验室应将废弃物收集密封，明显标示其名称、主要成分、性质和数量，并予以屏蔽和隔离，严防泄漏，谨慎地进行处理。

四、实验报告要求

1. 实验预习报告

要求：阐明实验目的、实验原理(简述，但内容要全面)、实验流程、实验步骤及方法。

2. 实验原始数据记录

要求：实验过程中要按照实验数据记录小节的要求记录实验数据和实验现象。

3. 实验报告

要求：按照实验数据处理小节和结果与讨论小节的要求完成实验报告。要求文字通顺、字迹端正、图表规范、结果正确、讨论认真。

第 2 章　化工热力学实验

实验 1　二元体系气液平衡数据的测定

一、实验目的

（1）掌握二元体系气液平衡数据的测定方法。

（2）会用 Van Laar 方程式进行气液平衡数据的关联。

二、实验原理

气液平衡数据的测定方法有多种，以循环法应用最广，此类平衡釜的基本原理如图 2-1 所示。

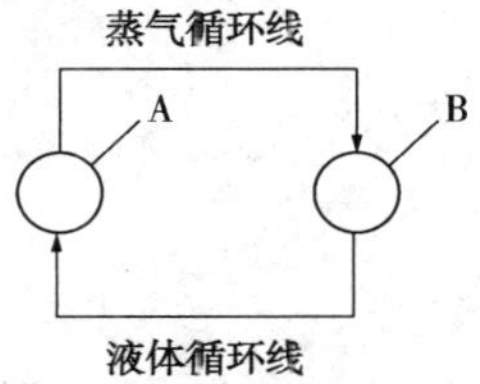

图 2-1　气液平衡釜的基本原理图

在沸腾器 A 中加入一定组成的二元溶液，在恒压下加热，液体沸腾后，蒸气逸出，经完全冷凝后流入收集器 B，达一定量后溢出自回流管流至 A。由于气相中易挥发组分的含量恒高于液相中的含量，因而，B 中冷凝液易挥发组分含量恒高于 A 中的含量。随着过程的进行，A、B 中的组成不断改变，直至稳定状态，这时气液相组成不再随时间而改变，此时，分别自 A、B 中取样分析，同时记录平衡温度，得到气液平衡数据。本实验采用乙醇-正丁醇二元体系，在常压下进行测定，其气相可近似看作理想气体，平衡关系可用下式表示：

$$y_1 p = r_1 x_1 p_1^0 \tag{2-1}$$

$$y_2 p = r_2 x_2 p_2^0 \tag{2-2}$$

由 T-x-y 数据可计算活度系数 $r_{i\text{实}}$：

$$r_{i\text{实}} = \frac{y_i p}{x_i p_i^0} \tag{2-3}$$

若用 Van Laar 方程关联，则

$$\lg r_1 = \frac{A}{\left(1+\frac{A}{B}\times\frac{x_1}{x_2}\right)^2} \tag{2-4}$$

$$\lg r_2 = \frac{B}{\left(1+\frac{B}{A}\times\frac{x_2}{x_1}\right)^2} \tag{2-5}$$

根据实验值可求出 Van Laar 方程常数 A、B：

$$A=\left[1+\frac{x_2\lg r_2}{x_1\lg r_1}\right]^2\times\lg r_1 \tag{2-6}$$

$$B=\left[1+\frac{x_1\lg r_1}{x_2\lg r_2}\right]^2\times\lg r_2 \tag{2-7}$$

将求出的 Van Laar 方程常数代入方程中，则可计算任意组成下的 r_i 值，由此可推算气液平衡。

三、实验装置及试剂

（1）实验装置。本实验所采用的平衡装置是 Ellis 釜，Ellis 釜的特点是具有特殊的蒸馏瓶和加热装置，非均相混合物通过玻璃蛇管喷到温度计套管上，蛇管的作用是使气液有足够的接触时间，以达到真正的平衡，其中装料约为 230mL，达到稳定状态时间为 20～30min。实验装置见图 2-2。

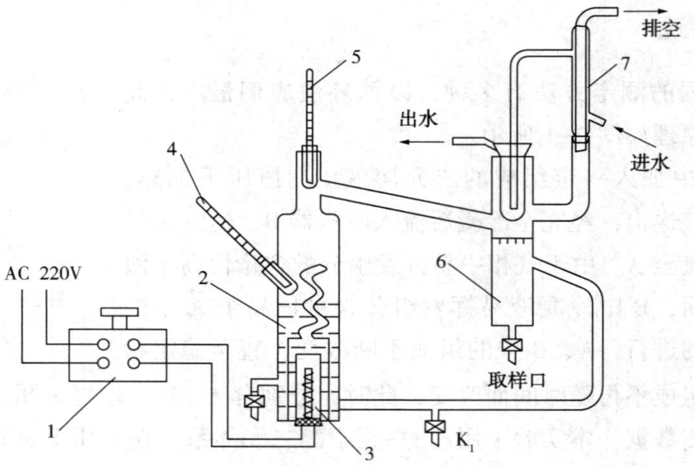

图 2-2　气液平衡实验装置示意图

1—调压器；2—蒸沸烧瓶；3—加热器；4，5—精密温度计；6—取样器；7—冷凝器；K_1—阀门

（2）实验试剂：乙醇，分析纯；正丁醇，分析纯。

四、实验步骤及方法

（1）开启低温水浴，调节温度为 20℃。

（2）从进料口加入物料，加料总量以物料沸腾时刚好与蛇形喷出口的下沿相切为宜。

（3）打开冷凝水阀。

（4）接通平衡釜加热电源，采用调压器控制升温速度，缓慢加热，为防止爆沸，可借助双连球从阀门 K_1 处不断鼓泡。

（5）观察室温和大气压，调节装置，使 Ellis 釜内压力保持在 101. 3kPa（760mmHg）。

（6）调节阿贝折光仪，使之处于待测状态。

（7）观察 Ellis 釜内沸腾情况，待达到平衡后（平衡温度在数分钟内保持不变），同时取液相和气相样品，测定其折光率各两次（观察其是否有差异），并通过折光率和摩尔浓度的关系曲线取得对应的 x 和 y 值(注意，取样时应弃去 1mL 左右陈液，取样量约为 2mL)。

(8) 取样后，放掉 20mL 左右 Ellis 釜液，再加入乙醇或正丁醇，以改变 Ellis 釜内混合物组成，要求改变组成两次。

(9) 按步骤(7)，测定相应的折光率。

(10) 实验结束后，先把加热电压降低为零，切断电源，待釜内温度降至室温，放出釜中液体，集中回收，关闭冷却水，整理实验仪器及实验台。

五、实验数据处理

1. 原始数据记录

表 2-1 为二元气液平衡数据测定结果。

表 2-1　二元气液平衡数据测定结果

编号	平衡温度/℃		液相组成		气相组成	
			n_d	x_i	n_d	y_i
1	液相					
	气相					
2	液相					
	气相					
3	液相					
	气相					

2. 数据处理

(1) 对 $x-y$ 作图。

(2) 根据实验数据求出的 Van Laar 方程常数来推算气液平衡，并与实际值比较。

六、思考题

(1) 本实验中要注意的事项有哪些?

(2) 实验中误差的原因有哪些?

(3) 若改变实验压力，气液平衡相图将作如何变化? 试用简图说明。

七、主要符号说明

r_i—组分 i 的活度系数；　　p_i^0—组分 i 在平衡温度下的饱和蒸气压；

p—系统压力；　　x_i—组分 i 的液相平衡组分的摩尔分数；

n_d—折光率；　　y_i—组分 i 的气相平衡组分的摩尔分数。

实验 2　CO_2 临界状态观测及 $p-v-T$ 关系测试

一、实验目的

(1) 了解 CO_2 临界状态观测方法，增加对临界状态概念的感性认识。

(2) 加深对流体的热力学状态、凝结、汽化、饱和状态等基本概念的理解。

(3) 掌握 CO_2 p-v-T 关系的测试步骤，学会实验测定实际气体状态变化规律的方法和技巧。

(4) 学会活塞压力计的正确使用方法。

二、实验原理

对简单可压缩热力学系统，当工质处于平衡状态时，其状态参数 p-v-T 之间有：

$$f(p,\ v,\ T)=0 \quad \text{或} \quad T=f(p,\ v) \tag{2-8}$$

本实验就是根据上式，采用定温方法来测定 CO_2 p-v-T 之间的关系。

实验中由压力台送来的压力油进入高压容器和玻璃杯上半部迫使水银进入预装 CO_2 气体的承压玻璃管。CO_2 通过压力台上的活塞杆进退来调节，温度由供水夹套的低温浴槽调节控制。实验工质的压力由装在压力台上的压力表读出，温度由插在恒温水浴中的温度计读出，比体积首先由承压玻璃管中二氧化碳的高度来测量，而后再根据玻璃管内径均匀、截面积不变等条件换算得到。

三、实验装置及试剂

(1) 实验装置由压力台、恒温器和实验本体及防护罩三大部分组成，二氧化碳关系仪实验流程见图 2-3，实验台本体见图 2-4。

(2) 实验试剂：实验工质 CO_2，一般在仪器安装时事先冲入；蓖麻油，化学纯。

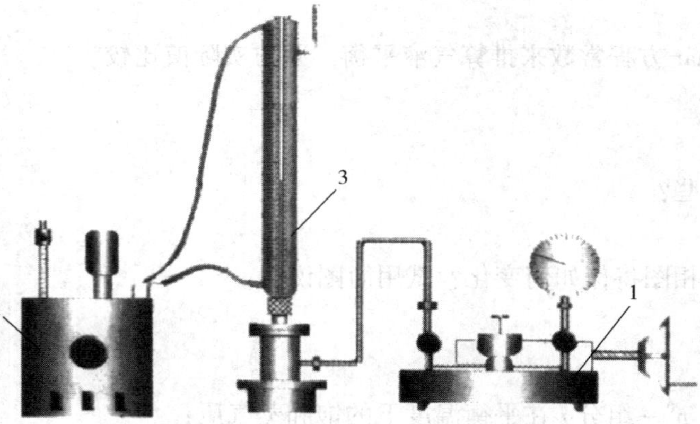

图 2-3　二氧化碳关系仪实验流程示意图

1—压力台；2—低温浴槽；3—本体

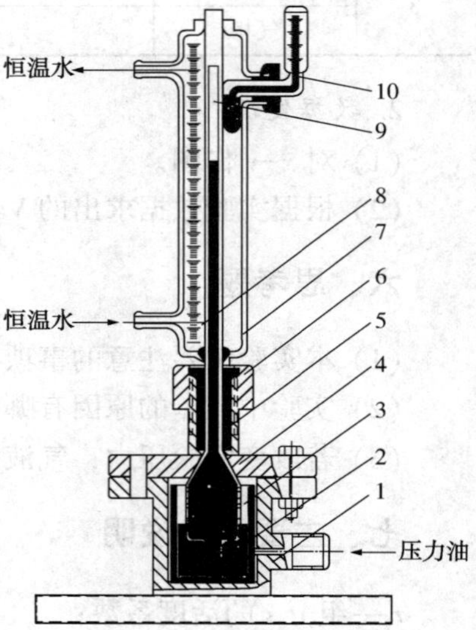

图 2-4　实验台本体

1—高压容器；2—玻璃杯；3—压力油；4—水银；5—密封填料；6—填料压盖；7—恒温水套；8—承压玻璃管；9—CO_2 空间；10—温度计

四、实验步骤及方法

(1) 按图 2-3 装好实验设备，并开启实验台本体上的日光灯。

（2）开启低温浴槽，调至实验所需温度。

（3）加压前的准备。由于压力台的油缸比本体容量小，需要多次抽油、压油操作，才能在压力表上显示压力读数，抽油、压油操作过程非常重要，若操作失误，不但加不上压力，还会损坏实验设备，务必按以下步骤操作。

① 关闭压力表及进入本体的两个油路阀门，开启压力台上的油杯阀。

② 摇退压力台上的活塞螺杆，直至大部退出，这时压力台上油缸中抽满油（蓖麻油）。

③ 关闭油杯阀，然后开启压力表和进入实验台本体的阀。

④ 摇进活塞螺杆，向本体注油，如此反复，直至压力表上有压力读出。

⑤ 再次检查油杯阀是否关好，压力表及本体阀是否开启，若均已稳妥，可进行实验。

⑥ 实验完将油抽回油杯，直至压力表留有少许压力。

（4）实验的原始记录。

① 设备数据记录。仪器、仪表名称、型号、规格、量程、精度等。

② 常规数据记录。室温、大气压、实验环境情况等。

③ 测定承压玻璃管内 CO_2 的质面比常数 K 值。由于承压玻璃管内径不便测量，因而实验中用间接方法测定 CO_2 比体积，认为其比体积与承压玻璃管内 CO_2 高度有一种线性关系，具体如下：

a. 已知 CO_2 液体在 20℃、9.8MPa 时的比体积 $v=0.00117\mathrm{m^3/kg}$；

b. 本实验台 20℃、9.8MPa 时 CO_2 液柱高度 Δh^*（m）；

c. 由 a. 可知，因为 $v=\dfrac{\Delta h^*\times A}{m}=0.00117\mathrm{m^3/kg}$，所以，$\dfrac{m}{A}=\dfrac{\Delta h^*}{0.00117}=K(\mathrm{kg/m^2})$。任意温度压力下 CO_2 比体积为 $v=\dfrac{\Delta h}{m/A}=\dfrac{\Delta h}{K}(\mathrm{m^3/kg})$。

式中，$\Delta h=h_0-h$，h 为任意温度压力下水银柱的高度；h_0 为承压玻璃管内径顶部刻度；Δh 为任意温度压力下 CO_2 高度。

实验中要注意实验压力≤9.8MPa，否则，承压玻璃管有损坏的危险，实验温度≤50℃。

（5）测定低于临界温度 $t=20$℃时的等温线。

① 将低温浴槽的温度设定在 20℃，并保持恒温。

② 压力从 4.40MPa 开始，当玻璃管内水银升起来以后，应足够缓慢地摇进螺杆，以保证等温条件。否则，无法及时达到平衡状态，使读数不准。

③ 按照适当的压力间隔取 h 值，直至压力 $p=9.8$MPa。

④ 注意加压后 CO_2 的变化，特别是注意饱和压力与饱和温度之间的对应关系以及液化、汽化等现象。要将测得的实验数据及观察到的现象一并填入表 2-2。

⑤ 测定 $t=22.0$℃，$t=25.0$℃，$t=27.0$℃，$t=30.0$℃时其饱和温度和饱和压力的对应关系。

（6）测定 CO_2 的临界等温线和临界参数，并观察临界现象。

① 按上述方法和步骤测出临界等温线，并在该曲线的拐点处找出临界压力 p_c，并将数据填入表 2-2。

② 观察临界现象

a. 观察临界乳光现象。保持临界温度不变，摇进活塞螺杆使压力升至 p_c 附近处，然后突然退活塞螺杆(注意勿使实验台本体晃动)降压，在此瞬间玻璃管内将出现圆锥状的乳白色的闪光现象，这就是临界乳光现象。这是由于CO_2分子受重力场作用沿高度分布不均匀和光的散射。可以重复操作来观察这一现象。

b. 整体相变现象。由于在临界点时，汽化潜热等于零，饱和气线与饱和液线合于一点，所以这时气液的相互转变不是像临界温度以下时表现为渐变过程，而是当压力稍有变化时，气-液是以突变的形式相互转化的。

c. 气-液两相模糊不清现象。处于临界点的CO_2具有共同参数(p，v，T)，因而不能区别此时CO_2是气态还是液态。如果说它是气体，那么，这个气体是接近液态的气体；如果说它是液体，那么，这个液体又是接近气态的液体。下面，就来用实验证明这个结论。因为这时是处于临界温度下，如果按等温线过程来进行，使CO_2压缩或膨胀，那么，管内是什么也看不到的。现在，我们按绝热过程来进行。首先在压力等于7.6MPa附近，突然降压，CO_2状态点由等温线沿绝热线降到液区，管内CO_2出现了明显的液面。这就是说，如果这时管内的CO_2是气体的话，那么，这种气体离液区很接近，可以说是接近液态的气体。当我们在膨胀之后，突然压缩CO_2时，这个液面又立即消失了。这就告诉我们，这时CO_2液体离气区也是非常近的，可以说是接近气态的液体。既然此时的CO_2既接近气态，又接近液态，所以能处于临界点附近。可以这样说：临界状态究竟如何，就是饱和气、液分不清。这就是临界点附近，饱和气、液模糊不清的现象。

(7) 测定高于临界温度$t=35℃$时的等温线。将数据填入原始记录表2-2。

五、实验数据处理

(1) 原始数据记录见表2-2。

表2-2　CO_2等温实验原始记录

序号	$T=20℃$			$T=31.1℃$(临界)			$T=35℃$		
	p/MPa	Δh/m	现象	p/MPa	Δh/m	现象	p/MPa	Δh/m	现象
1	4.40			4.40			4.40		
2									
3									
4									
5									
6									
7									
8									
9									
10	9.80			9.80			9.80		

(2) 计算K和v。

(3) 在p-v坐标系中画出CO_2等温曲线，将实验测得的等温线与文献的标准等温线相比较，并分析它们之间的差异及其原因。

（4）根据表 2-3 所列的 CO_2 的饱和蒸气压数据作 CO_2 的 $T-p$ 曲线；将实验测得的饱和温度与饱和压力的对应值作图并与 $T-p$ 曲线的对应值相比较，分析产生误差的原因。

表 2-3　CO_2 的饱和蒸气压数据

温度/℃	20.0	22.0	24.0	25.0	26.0	27.0	28.5	29.4	30.0	30.5	31.0
饱和蒸气压/MPa	5.730	6.001	6.285	6.432	6.581	6.734	6.945	7.113	7.271	7.294	7.376

六、思考题

（1）实验过程中应特别注意哪些问题？
（2）如何得到准确的相变点和临界点？

实验 3　连续流微反应器换热效率的测定

一、实验目的

（1）了解微反应器的结构与换热设计原理。
（2）熟悉微反应器的基本操作过程。
（3）学习并熟悉连续流技术中关于换热效率的计算与测试。

二、实验原理

几乎所有的化学反应和化工过程都伴随着热量的交换，换热效率也是微反应器的关键参数之一。微反应器良好的换热性能对于反应的精确控制是至关重要的，了解整体传热系数也是理解反应器设计的重要过程。

本实验采用 AFR Nebula 星云教学平台化工版，集成了一块 G1 玻璃流体功能模块，如图 2-5 所示，G1 玻璃模块应用了四层板材、三层空腔的设计，两边的空腔是换热路(导热介质进出)，中间的空腔是反应路(反应物料进出)。

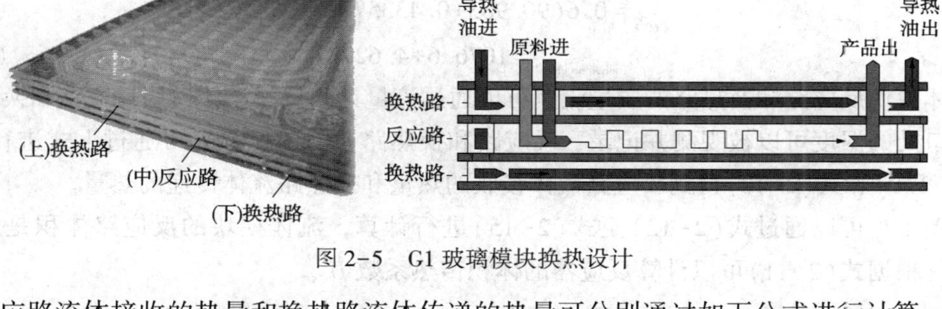

图 2-5　G1 玻璃模块换热设计

反应路流体接收的热量和换热路流体传递的热量可分别通过如下公式进行计算：

$$Q_{reaction} = G_{reaction} \cdot c_{p\ reaction} \cdot (T_4 - T_3) \tag{2-9}$$

$$Q_{HeatExchanger} = G_{HE} \cdot c_{p\ HE} \cdot (T_1 - T_2) \tag{2-10}$$

式中　Q——传递的热量，J；

G——质量流速，kg/s；

c_p——比热容，J/(kg·K)；

T_1，T_2——模块换热路的进口和出口的温度，K；

T_4，T_3——模块反应路的出口和进口的温度，K。

反应器的体积传热系数可以通过如下传热方程进行计算：

$$Q=Q_{reaction}=U_v\cdot v\cdot \Delta T_m \tag{2-11}$$

式中 Q——传递的热量，J；

U_v——体积传热系数，W/(m³·K)；

v——流体模块的反应路体积，L；

ΔT_m——温差，K。

温差 ΔT_m 是热量传递的驱动力，其计算过程可以根据并流/逆流传热模式并通过校正系数 F 进行修正：

$$\Delta T_m=F\cdot[(T_2-T_3)-(T_1-T_4)]/\ln[(T_2-T_3)/(T_1-T_4)] \tag{2-12}$$

校正系数 F 可根据测试过程中并流/逆流模式取值 0~1，并根据系数 P 和 R 进行计算。

系数 P 和 R 定义如下：

$$P=(T_1-T_2)/(T_1-T_3) \tag{2-13}$$

$$R=(T_1-T_2)/(T_4-T_3) \tag{2-14}$$

对于 AFR 流体模块中流体的相对路径，F 可以根据以下公式进行计算：

$$F=\frac{\left[\dfrac{\sqrt{R^2+1}}{2(R-1)}\ln\dfrac{1-P}{1-PR}\right]}{\ln\left[\dfrac{\dfrac{2}{P}-1-R+\dfrac{2}{P}\sqrt{(1-P)(1-PR)}+\sqrt{R^2+1}}{\dfrac{2}{P}-1-R+\dfrac{2}{P}\sqrt{(1-P)(1-PR)}-\sqrt{R^2+1}}\right]} \tag{2-15}$$

流体的比热容可在其平均温度下进行计算，不同流体的比热容计算可参考如下公式：

$$c_{p_{water}}=\frac{276370-2090.1T+8.125T^2-0.014116T^3+9.37\times10^{-6}T^4}{18} \tag{2-16}$$

$$c_{p_{glycerol\ 60\%}}=0.6(90.983+0.4335T)+0.4c_{p_{water}} \tag{2-17}$$

$$c_{p_{ethylene\ glycol}}=1076.6+4.6278T \tag{2-18}$$

流体模块反应路和换热路的质量流速可以通过流量计测量，流体模块反应路和换热路进口和出口处的温度可以被观测并记录，反应路和换热路介质的比热容可通过上式进行计算，根据式(2-9)和式(2-10)得到反应路流体接收的热量和换热路流体传递的热量。

温差 ΔT_m 可以通过式(2-12)至式(2-15)进行计算，流体模块的反应路体积是已知数值，最终根据式(2-11)可以计算反应器的体积传热系数 U_v。

三、实验仪器及试剂

1. 实验仪器

康宁 AFR® Nebula 星云教学平台化工版。

2. 试剂

选择水、乙二醇或甘油中的一到两种作为反应路介质；选择水、乙二醇或导热硅油(KDOC-210)中的一种或两种作为换热路介质。

四、实验步骤及方法

开车、停车实验操作

1. 开车步骤

(1) 将物料装入相应的进料罐中；

(2) 开启换热器，设定至60℃并等待温度稳定；

(3) 开启两台齿轮泵将物料输送进反应模块中；

(4) 待物料流速、反应路压力、温度均已稳定后，记录物料流速和模块进出口温度数值。

2. 停车步骤

(1) 换热器设定室温并运行；

(2) 停止齿轮泵进料，将进料罐内的物料分别更换为乙醇；

(3) 开启齿轮泵将乙醇输送进反应模块进行清洗；

(4) 在3~5倍停留时间后，停止齿轮泵的运行；

(5) 反应器温度降至室温后，停止换热器的运行。

五、实验测试与数据处理

本实验以水、乙二醇或导热硅油(KDOC-210)作为换热路介质，在闭环体系中循环，其入口温度由换热器控制(设定为60℃)。以水、乙二醇或甘油作为反应路介质，在敞开体系中使用，其入口温度为环境温度。当达到稳态时，测量反应路和换热路的流体流量并记录流体的入口和出口温度。如果以水作为换热路和反应路介质，分别记录介质的质量流速和温差，根据式(2-9)和式(2-10)可以计算出换热路流体传递的热量和反应路流体接收的热量并作图，如图2-6所示。

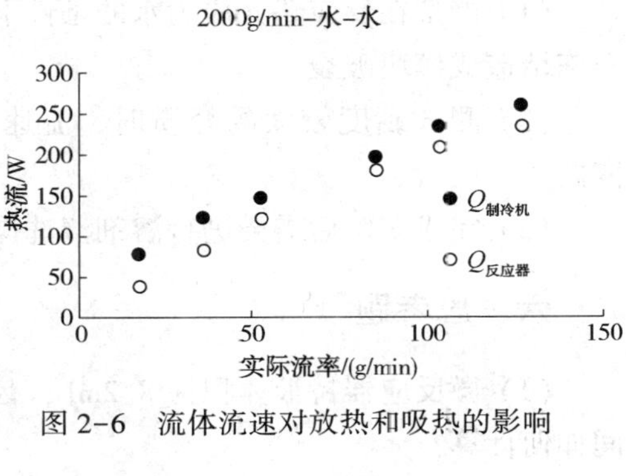

图2-6　流体流速对放热和吸热的影响

由数据的相关性可以得知，换热路流体传递的热量会略高于反应路流体接收的热量，其原因是流体模块没有做隔热，一些热量会损失到环境中。如果以水作为换热路介质并设定不同的换热介质流速，测量的水-水系统的体积传热系数如图2-7所示。可以观察到，流体的速度越高，由于对流的改善，体积传热系数就越高。

图2-7显示，在反应路介质高流速条件下，体积传热系数 U_v 逐渐趋近于最大值，这表明该条件下玻璃壁的热阻对体积传热系数的影响占据了主导地位(玻璃的热导率相当低)。然而，该最大值区域的存在也提供了体积传热系数的稳态条件区间。

还可以观察到，在换热介质流速足够高的条件下，当反应路介质流速较低时，所有曲线是叠加的，表明工作流体的热阻是主要的。将反应路介质进行更换（水或甘油），分别测试不同反应路流体介质条件下反应路介质流速对体积传热系数的影响，测试数据如图 2-8 所示。

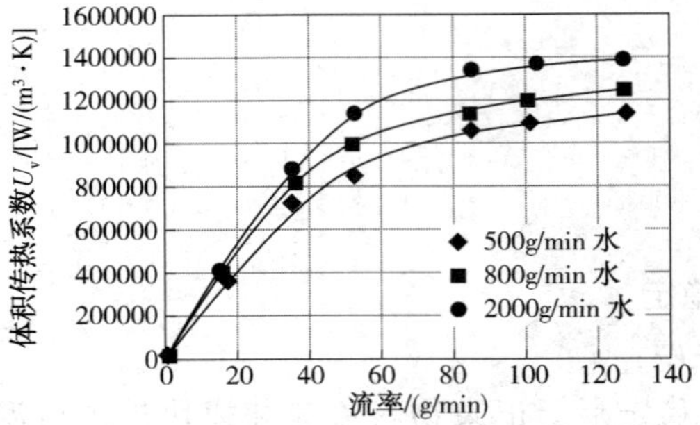

图 2-7　在不同的热交换流体流量下，反应器流速对体积总传热系数的影响

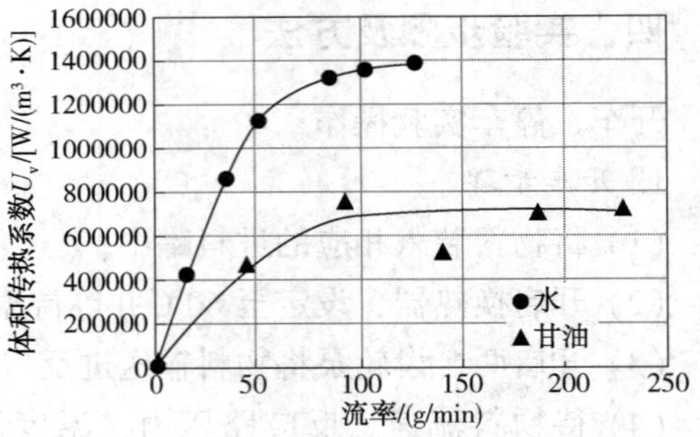

图 2-8　工艺流体流速对体积总传热系数的影响（水/甘油体系）

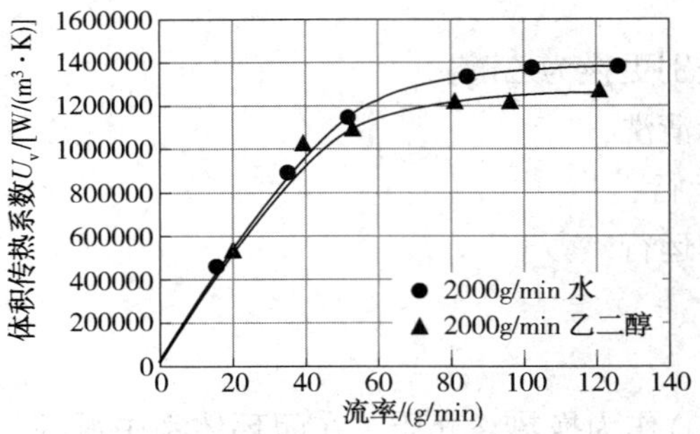

图 2-9　工艺流体流率对体积总传热系数的影响（水/乙二醇体系）

如果对实验进行拓展，也可以对导热介质进行更换（水或乙二醇），分别测试不同换热路流体介质条件下反应路介质流速对体积传热系数的影响，测试数据如图 2-9 所示。

以上对流体模块的热性能进行的测试表明，不同的反应路流体和换热路流体的流速和物理特性对体积传热系数会产生综合影响，也显示了不同热阻对总传热系数的相对贡献。

注意事项：

（1）严禁在反应路介质为水的条件下，将换热器设定低于 5℃ 并运行，防止反应器中物料冻结造成模块破裂。

（2）测试黏度较大的介质时，流速从小往大逐渐调节，使压力降在设备工作压力范围内。

（3）完成实验后需要进行溶剂清洗操作。

六、思考题

（1）微反应器持液体积为 8.2mL，齿轮泵的总进料流速为 100mL/min 时，反应停留时间如何计算？

（2）结合实验所测得的体积传热系数，相比于传统间歇釜，微反应器的换热效率约提高了多少倍？

（3）将所得数据进行计算并作图，表征反应器体积传热系数在不同换热路/反应路介质和不同换热路/反应路流速条件下的影响。

第3章 化工分离技术实验

实验4 反应精馏法制乙酸乙酯

一、实验目的

（1）了解反应精馏既服从质量守恒定律又服从相平衡的复杂过程。

（2）掌握反应精馏的操作。

（3）能进行全塔物料衡算和塔操作的过程分析。

（4）了解反应精馏与常规精馏的区别。

（5）学会分析塔内物料组成。

二、实验原理

反应精馏过程不同于一般精馏，它既有精馏的物理相变的传递现象，又有物质变性的化学反应现象。两者同时存在，相互影响，使过程更加复杂。因此，反应精馏对下列两种情况特别适用：

（1）可逆反应。一般情况下，反应受平衡影响，转化率只能维持在平衡转化的水平；但是，若生成物中有低沸点或高沸点物质存在，则精馏过程可使其连续地从系统中排出，结果超过平衡转化率，大大提高了效率。

（2）异构体混合物分离。通常因它们的沸点接近，靠精馏方法不易分离提纯，若异构体中某组分能发生化学反应并能生成沸点不同的物质，这时可在过程中得以分离。

对醇、酸酯化反应来说，属于第一种情况。但该反应若无催化剂存在，单独采用反应精馏操作也达不到高效分离的目的，这是因为反应速度非常缓慢，故一般都用催化的反应方式。酸是有效的催化剂，常用硫酸。反应随酸浓度增高而加快，浓度在0.2%～1.0%（质量）。此外，还可用离子交换树脂、重金属盐类和丝光沸石分子筛等固体催化剂。反应精馏的催化剂用硫酸，是由于其催化作用不受塔内温度限制，在全塔内都进行催化反应；而应用固体催化剂则由于存在一个最适宜的温度，精馏塔本身难以达到此条件，故很难实现最佳操作。本实验是以乙酸和乙醇为原料，在酸催化作用下生成乙酸乙酯，是可逆反应，反应方程式为：

$$CH_3COOH+C_2H_5OH \rightleftharpoons CH_3COOC_2H_5+H_2O \tag{3-1}$$

实验的进料方式有两种：一种是直接从塔釜进料；另一种是在塔的某处进料。前者有间歇式和连续式操作；后者只有连续式。本实验用后一种方式进料，即在塔上部某处加带酸催化剂的乙酸，塔下部某处加乙醇。釜沸腾状态下塔内轻组分逐渐向上移动。具体地说，乙酸

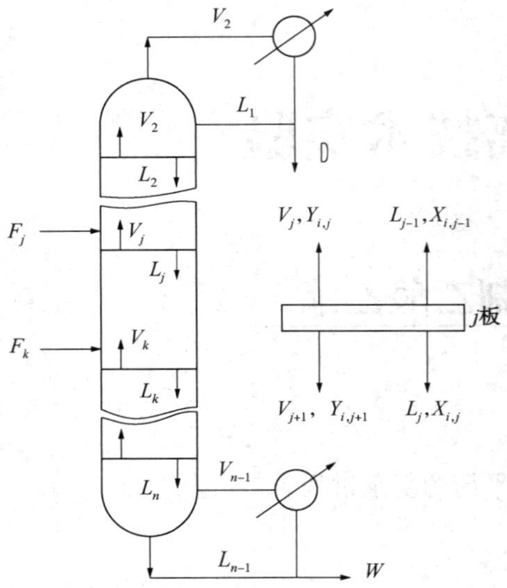

图 3-1　反应精馏过程的气液流动示意图

从上段向下段移动，与向塔上段移动的乙醇接触，在不同填料高度上均发生反应，生成酯和水。塔内此时有 4 组分。由于乙酸在汽相中有缔合作用，除乙酸外，其他三个组分形成三元或二元共沸物。水–酯，水–醇共沸物沸点较低，醇和酯能不断地从塔顶排出。若控制反应原料比例，可使某组分全部转化。因此，可认为反应精馏的分离塔也是反应器。全过程可用物料衡算式和热量衡算式描述。

1. 物料平衡方程

全塔物料总平衡如图 3-1 所示。

第 j 块理论板上的 i 组分进行物料衡算如下：

$$L_{j-1}X_{i,j-1}+V_{j+1}Y_{i,j+1}+F_jZ_{i,j}+R_{i,j}=V_jY_{i,j}+L_jX_{i,j} \quad (3\text{-}2)$$

式中，$2\leqslant j\leqslant n$，$i=1, 2, 3, 4$。

2. 汽液平衡方程

每块板上某组分 i 有如下平衡关系：

$$K_{i,j}X_{i,j}-Y_{i,j}=0 \quad (3\text{-}3)$$

每块板上组分的总和应符合下式：

$$\sum_{i=1}^{n} Y_{i,j}=1 \quad \sum_{i=1}^{n} X_{i,j}=1 \quad (3\text{-}4)$$

3. 反应速率方程

$$R_{i,j}=K_jP_j\left(\frac{X_{i,j}}{\sum \theta_{i,j}\cdot X_{i,j}}\right)^2\times 10^5 \quad (3\text{-}5)$$

当原料中各组分的浓度相等时，上式才能成立，否则应予以修正。

4. 热量衡算方程

对平衡级进行热量衡算，最终得到：

$$L_{j-1}h_{j-1}-V_jH_j-L_jh_j+V_{j+1}H_{j+1}+F_jH_{fj}-Q_j+R_jH_{rj}=0 \quad (3\text{-}6)$$

三、实验装置及试剂

1. 实验装置

反应精馏塔用玻璃制成，直径 20mm，塔高 1500mm，塔内填装 ϕ3mm×3mm 不锈钢 θ 网环型填料(316L)。塔釜为四口烧瓶，容积 1000mL，塔外壁镀有金属膜，通电流使塔身加热保温。塔釜置于 1000W 电热包中。采用 AI-708 型温度控制器控制釜温。塔顶冷凝液体的回流采用摆动式回流比控制器。此控制系统由塔头上摆锤、电磁铁线圈、回流比计数拨码电子仪表组成。反应精馏流程见图 3-2。

2. 实验用试剂

乙酸，分析纯；95%乙醇，分析纯；浓硫酸，分析纯；乙酸乙酯，分析纯。

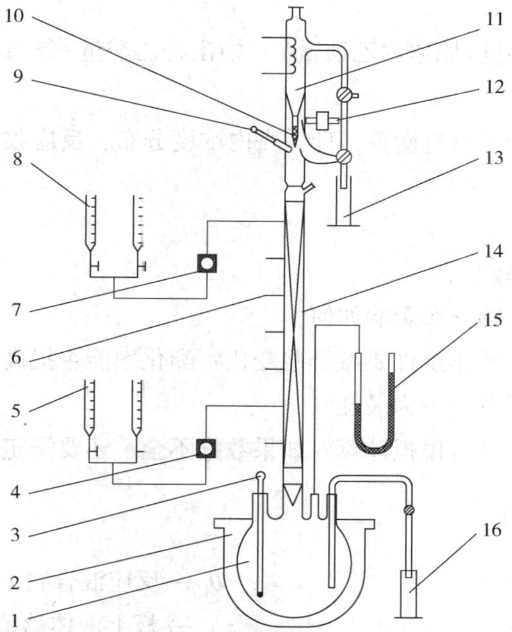

图 3-2 反应精馏流程示意图

1—精馏釜；2—电热包；3—塔釜温度计；4—乙醇加料泵；5—乙醇计量器；6—取样口；
7—乙酸及催化剂计量泵；8—乙酸及催化剂计量器；9—塔顶温度计；10—摆锤；11—冷凝器；
12—电磁铁；13—塔顶馏分收集计量器；14—精馏塔；15—U 形压差器；16—塔釜馏分收集计量器

四、实验步骤

操作前在釜内加入 200g 接近稳定操作组成的釜液，并分析其组成。检查进料系统各管线是否连接正常。然后将乙酸、乙醇注入计量管内(乙酸内含 0.3%硫酸)，启动泵，微调泵的流量给定转柄，让液料充满管路后停泵。开启反应釜的加热(加热系统为集中控制的智能仪表，每套装置有四段控温，即釜温控制，塔下部保温，塔中部保温，塔顶温控，釜温一般设置为 130~140℃，塔下部保温设置在 120℃左右，塔上部保温设置在 100℃左右，塔顶温度设置在 70℃左右)。设置时可分步达到指定温度，以免设备突然受热而损坏。待釜液沸腾，开启塔身、塔顶保温控制，接通塔顶冷却水。当塔顶有液体出现，先全回流 10~15min，然后开始进料，实验按规定条件进行。一般可把回流比拨码给定在 5∶1，酸醇分子比定在 1∶1.3，进料速度为 0.5mol(乙醇)/h。进料后仔细观察塔底和塔顶温度与压力，测量塔顶与塔釜出料速度。记录所有数据，及时调节进出料，使处于平衡状态。稳定操作下用微量注射器在塔身不同高度取样口取样，直接进行色谱分析，取得塔内组分浓度分布曲线。

如果时间允许，可改变回流比或改变加料摩尔比，重复操作，取样分析，并进行对比。

实验完成后关闭加料泵，停止加热，让塔内滞留液全部流至塔釜，取出釜液称重，分析组成，关闭冷却水。

五、实验数据处理

(1) 自行设计实验数据记录表格。

(2) 实验数据处理：

转化率=[(乙酸加料量+原釜内乙酸量)-(馏出物乙酸量+釜残液酸量)]/(乙酸加料量+原釜内乙酸量)

进行乙酸和乙醇的全塔物料衡算，计算塔内浓度分布、反应收率、转化率。

六、思考题

(1) 怎样提高酯化率？

(2) 不同回流比对产物分布影响如何？

(3) 采用釜内进料，操作条件要做哪些变化？酯化率能否提高？

(4) 进料摩尔比应保持多少为最佳？

(5) 用实验数据能否进行模拟计算？如果数据不全，还要测定哪些数据？

七、主要符号说明

F_j—j 板进料流量；

H_j—j 板上气体焓值；

H_{rj}—j 板上反应热焓值；

$K_{i,j}$—i 组分的气液平衡常数；

$R_{i,j}$—单位时间 j 板上单位液体体积内 i 组分反应量；

V_j—j 板上升蒸气量；

$Y_{i,j}$—j 板上组分 i 的气相摩尔分数；

$\theta_{i,j}$—反应混合物 i 组分在 j 板上的体积；

h_j—j 板上液体焓值；

H_{fj}—j 板上进料焓值；

L_j—j 板下降液体量；

P_j—j 板上液体混合体积(持液量)；

$X_{i,j}$—j 板上组分 i 的液相摩尔分数；

$Z_{i,j}$—j 板上组分 i 的进料组成；

Q_j—j 板上冷却或加热的热量。

实验 5 CO_2 气相膜分离

一、实验目的

(1) 掌握 CO_2 气相分离的基本原理。

(2) 熟悉气体渗透仪结构，掌握气体渗透仪的操作技术。

(3) 掌握气体渗透率的测试和计算方法。

二、实验原理

1. 气体分子在致密聚合物材料中的传质与分离机理

溶解扩散模型最适合解释渗透物分子在聚合物中的传质行为。

溶解扩散模型把渗透汽化分成三个步骤：

(1) 各组分在膜表面发生选择性溶解。

(2) 各组分在化学位梯度下从进料侧扩散至渗透侧。

(3) 渗透物组分在膜后侧发生解析，如图 3-3 所示。由于各组分在膜中溶解和扩散速率不同，最终实现分离。

2. 单组分和混合气体测试原理

硅橡胶膜气体分离性能的测试可根据进料气的组成进行分类。当进气为单一纯气，可通过恒压变体积的方法进行测试。测试流程如图 3-4 所示。测试温度为 25℃，跨膜压差为 0.1MPa，使用皂泡流量计对气体的渗透速率进行标定，气体测试顺序为：N_2、CO_2，测试的有效膜面积需要通过扫描仪进行测量并通过对应的像素点进行计算。当进气为混合气时[15%(体积)CO_2/85%(体积)N_2]，使用气体渗透仪进行测试，跨膜压差为 0.1MPa，在渗透过程中各组分依靠自身分压进行渗透。通过气相色谱仪分析渗透物的组成。

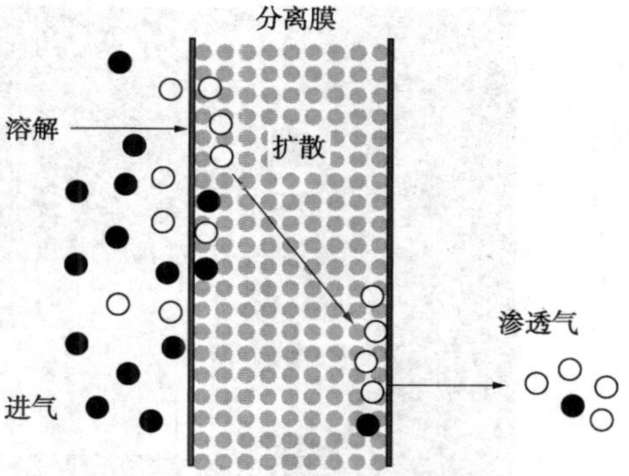

图 3-3　气体分子在致密聚合物材料中的传质机理：溶解-扩散模型

待系统达到稳定状态后，气体渗透系数可由式(3-7)进行计算：

$$P=\frac{1}{\Delta p}\cdot\frac{273.15}{273.15+T}\cdot\frac{V_m}{A}\cdot\left(\frac{dp}{dt}\right) \tag{3-7}$$

式中　P——气体渗透率，1GPU = 10^{-6} cm^3(STP)/(cm^2 · s · cmHg)；

Δp——跨膜压差，cmHg；

A——有效膜面积，cm^2；

T——测试温度，℃；

V_m——下游侧固定体积，cm^3；

dp/dt——渗透侧压力随时间的变化率。

理想气体选择性由式(3-8)进行计算：

$$\alpha_{\frac{A}{B}}=\frac{P_A}{P_B} \tag{3-8}$$

式中　P_A，P_B——组分 A 和组分 B 的渗透率。

双组分混合气的分离因子由式(3-9)进行计算：

$$\alpha=\frac{y_A/y_B}{x_A/x_B} \tag{3-9}$$

式中　x，y——进料侧和渗透侧各组分的体积分数。

三、实验装置及试剂

1. 实验试剂与材料

纯气体：CO_2、N_2；混合气：CO_2/N_2(15%/85%)；肥皂液、硅橡胶薄膜、锡箔纸、硅酮胶。

2. 实验装置

气体渗透仪装置如图 3-4 所示。

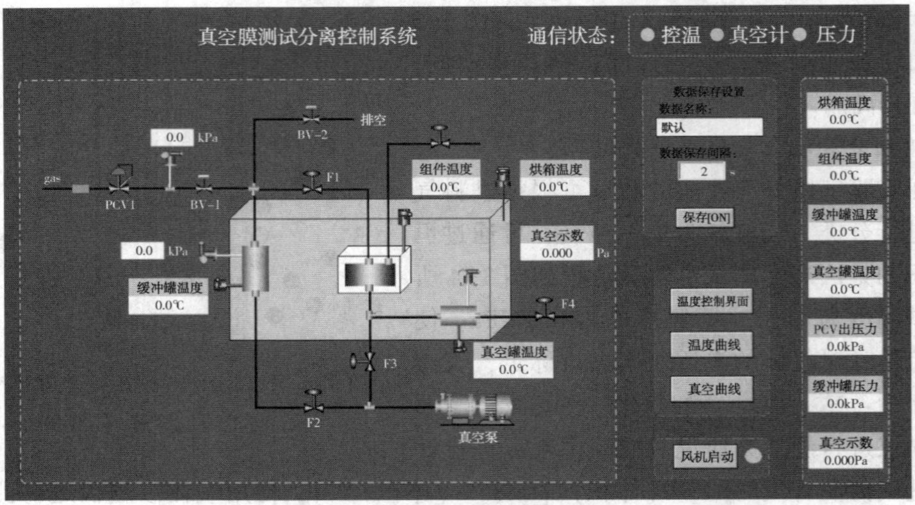

图 3-4　气体渗透仪装置

四、实验步骤及方法

1. 实验准备

（1）膜组件安装

将没有封装分离膜的膜组件从管路中拆卸下来，拆卸过程中需使用两支活动扳手先将进料侧管路和截留侧管路的密封螺母拆下，再将渗透侧管路上的密封螺母拆下。将膜组件取出，使用六角扳手对角卸去紧固螺母，把准备好了的膜片贴在钛滤片中间，并用刮刀将膜片四周压实。将膜组件组装完整并按照先渗透侧再进料侧的顺序安装进测试管路中。

（2）将测试系统抽真空

关闭 BV-1、BV-2、F1、F3 和 F4 阀，打开 F2。当缓存罐压力下降至-100kPa 后打开 F1，等到 1min 后打开 F2 和 F3，将渗透侧压力降低到 15Pa 后稳定 30min。

2. 单组分气体测试

N_2单组分测试：将气体管路快插头接入 N_2管线，打开管线上的球阀。关闭 F2、BV-1、BV-2、F1 和 F4。缓慢调节 PCV 减压阀至进气压力达到 50kPa。缓慢打开 BV-1，待缓冲罐与进气口压力一致后方可缓慢打开 F1 进气。进气完成后稳定 10min，关闭 F3 开始收集渗透侧气体，此时渗透侧压力开始上升。当渗透侧压力增加至 100Pa 时，点击软件中的“保存”按钮。渗透侧压力随时间的变化数据即可保存至 D 盘“数据保存”文件夹中。N_2的单组分气体测试过程完成。

CO_2单组分测试：N_2单组分测试过程完成后，需要置换设备中的气氛。关闭 PCV1 和 F3，打开 BV-2 将进气侧压力调节至大气压。当缓冲罐压力为 0kPa 后关闭 BV-2，打开 F2，缓冲罐压力下降至-100kPa 后方可打开 F3 对渗透侧进行抽真空，需要将渗透侧压力下降到 8Pa。接着关闭 BV-1，F1 和 F2 确保系统处在真空状态下。关闭 N_2管路上的球阀，将气体管路快插头接入 CO_2管路中，打开管线上的球阀。关闭 F2、BV-1、BV-2、F1 和 F4。缓慢调节 PCV 减压阀至进气压力达到 50kPa。缓慢打开 BV-1，待缓冲罐与进气口压力一致后方可缓慢打开 F1 进气。进气完成后稳定 10min，关闭 F3 开始收集渗透侧气体，此时渗透侧压力开始上升。当渗透侧压力增加至 100Pa 时，点击软件中的“保存”按钮。渗透侧压力随时间的变化数据即可保存至 D 盘“数据保存”文件夹中。CO_2的单组分气体测试过程完成。

测试完成后关闭 PCV1 和 F3，打开 BV-2 将进气侧压力调节至大气压。当缓冲罐压力为 0kPa 后关闭 BV-2，打开 F2，缓冲罐压力下降至-100KPa 后方可打开 F3 对渗透测进行抽真空，需要将渗透侧压力下降到 15Pa。接着关闭 BV-1、F1 和 F2，确保系统处在真空状态下。点击软件中的真空泵关闭真空泵(真空泵颜色由绿转灰)。

数据处理：将保存在 D 盘中的数据抄录到实验记录本中，使用 Excel 软件对数据进行线性拟合，获得拟合直线的斜率值，也就是 dp/dt。将 dp/dt 的值代入表 3-1 中计算 CO_2和 N_2 的渗透率以及 CO_2/N_2理想选择性。

3. 混合气渗透率测试

混合气的测试过程与纯气体的测试过程相似，将一定浓度的混合气钢瓶接入渗透仪管路中，在整体管路处在真空情况下，阀门开关顺序与纯气体测试过程中一致，但是在打开 F1 的同时需要调节上游侧单向阀的开度，以避免浓差极化对膜性能的影响。关闭 F3 进行渗透率测试，当数据采集完毕后打开 F4，将渗透气体排进色谱中，点击气相色谱的开始分析按钮后再打开 F3。待色谱分析结束后根据各组分的峰面积比例，结合标线计算渗透物各组分的真实浓度，再根据式(3-9)计算分离膜对 CO_2/N_2混合体系的真实分离选择性。测试也需要重复三次取平均值，记录在表 3-1 中。

4. 考察操作压力对渗透率和选择性的影响

在该实验中，选用 15%(体积)/85%(体积)的 CO_2/N_2混合气作为进料气，阀门开关顺序和测试过程与混合气测试过程一致。在一个压力状态下测试完毕后，需要控制钢瓶减压阀开度以调节进料压力，进气压力调节完毕后需打开 F3 将系统稳定 30min 才能继续进行测试。

五、实验数据处理

1. 实验原始数据记录

见表 3-1~表 3-3。

表 3-1　单组分气体测试(测试气体：CO_2，N_2，渗透侧体积：××mL)

测试组分	进口压力/MPa	膜面积/cm^2	温度/℃	dp/dt/(torr/s)	渗透率/($mol/m^2 \cdot s \cdot Pa$)	CO_2/N_2 理想选择性
CO_2(重复测试三次)						
N_2(重复测试三次)						

温度：________℃；日期：____年____月____日

表 3-2　操作压力对渗透率和选择性的影响(测试气体：×××，渗透侧体积：××mL)

实验序号	进口压力/MPa	膜面积/cm^2	温度/℃	dp/dt/(torr/s)	渗透通量/[$L/(m^2 \cdot h)$]	选择性

温度：________℃；日期：____年____月____日

2. 数据处理

(1) 计算单组分气体渗透率以及 CO_2/N_2 理想选择性。

(2) 绘制操作压力对渗透率和选择性的影响曲线。

六、思考题

(1) 提高操作温度对实验结果有什么影响?

(2) 查阅文献,还有什么膜材料可用于 CO_2/N_2 的分离?

(3) 对于本实验中所使用的 PDMS 膜,有哪些改性方式可以提高其气体选择性?

实验 6 超临界流体萃取高附加值产品

一、实验目的

(1) 通过超临界流体萃取实验,了解超临界流体、超临界二氧化碳的特点。

(2) 掌握超临界流体萃取原理和过程影响因素。

(3) 掌握超临界二氧化碳萃取过程的特点及应用范围。

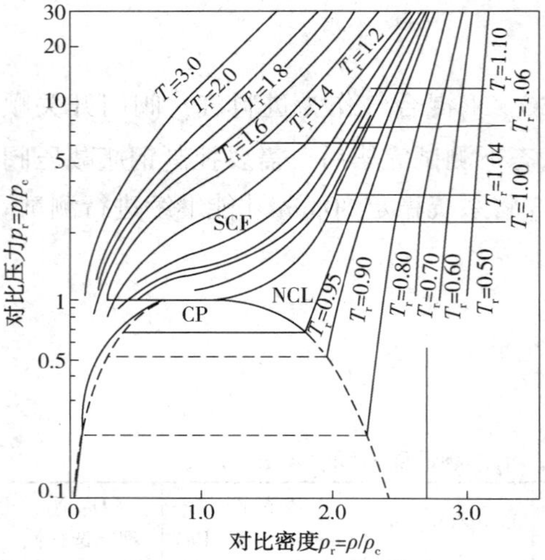

图 3-5 流体的对比压力与对比密度的关系

二、实验原理

超临界流体萃取通过改变过程流体的密度以改变流体的溶解能力,从而实现物质的萃取和分离。图 3-5 给出了一般物质的对比压力与对比密度之间的关系。由图中可知,物质在临界点的特征为:

$$\left(\frac{\partial p}{\partial V}\right)_{T_c}=0,\ \left(\frac{\partial^2 p}{\partial V^2}\right)_{T_c}=0 \qquad (3-10)$$

即在临界点附近,微小的压力变化会引起流体密度的巨大变化。在临界温度附近,相当于 $T_r=1\sim1.2$ 时,流体有很大的可压缩性。在对比压力 $p_r=0.7\sim2$ 的范围内,适当增加压力可使流体的密度很快增大至接近普通液体的密度,使流体具有类似液体的溶解能力。流体密度随温度和压力的变化而连续变化。流体的密度大,溶解能力大;反之,溶解能力就小。

高附加值产品的超临界萃取过程最常用的流体为 CO_2,它具有无毒、无臭、不燃且价廉易得的优点。CO_2临界温度 31.04℃,临界压力 7.38MPa,临界密度 0.468g/L,只需改变压力,就可在接近常温的条件下萃取分离和溶剂 CO_2再生。而传统的有机溶剂萃取过程,通常要用加热蒸发等方法把溶剂和萃取物分开。这样不仅消耗能源,在许多情况下还会造成萃取物中低挥发性组分或热敏物质的损失,得到的萃取物还常常含有残留的有机溶剂,产品可能有异味,因而影响产品的质量。采用超临界 CO_2萃取技术可克服这些弊端。故超临界 CO_2萃取技术特别适用于热敏性、易氧化物质及天然植物有效成分的提取。

超临界 CO_2对脂溶性的物质有较好的溶解性能，但对一些极性较强的物质，其溶解能力很小甚至不溶，适当调节超临界 CO_2的极性，如超临界 CO_2中携带甲醇、乙醇之类极性较强的溶剂，可改善超临界 CO_2对强极性物质的溶解性能。

三、实验装置及试剂

1. 实验装置

超临界流体萃取实验装置简图如图 3-6 所示。装置由三部分组成：增压和调压系统；萃取和分离系统；加热与温度控制系统。

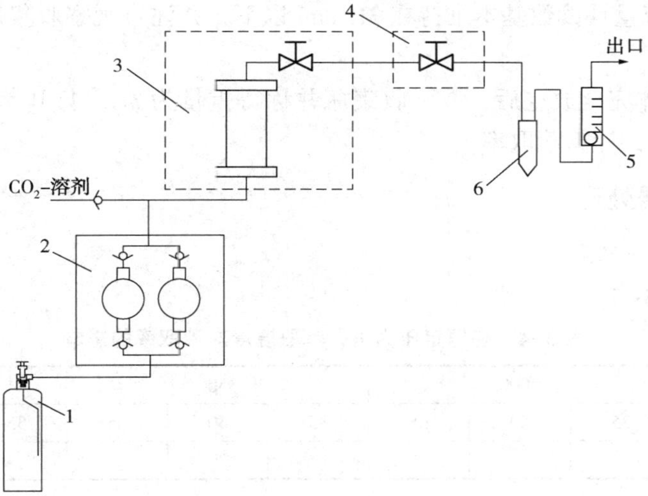

图 3-6　超临界流体萃取实验装置简图

1—CO_2钢瓶；2—流量、压力控制；3—萃取部分；4—温度控制部分；5—CO_2流量计；6—收集瓶

2. 实验试剂

花生，市集售；CO_2气体，99.99%。

四、实验步骤及方法

1. 实验注意事项

(1) 在开启高压泵前须先打开泵内风扇，运行 20min。

(2) 在开启高压泵前务必先关闭两个节气阀，打开 CO_2气体钢瓶总阀。

(3) 在打开温度控制仪和高压泵电源后，须预热 5min 方可设定参数，使其开始工作。

2. 实验步骤

(1) 称取 M_1(20g) 固体物料(本实验用花生，若原料为固体时，需进行粉碎使固体颗粒小于 20 目)放入一只带收口的长条形帆布袋中，封好袋口后将其置于 100mL 的不锈钢萃取釜中，旋紧釜上端的封头，盖好保温箱。

(2) 关闭 STATIC/DYNAMIC 阀和 RESTRICTOR 阀。称得收集瓶重量 m_1，连接好接收瓶和尾气排出管线。

(3) 打开仪器背面的高压泵电源和加热系统电源，同时打开高压泵风扇。预热 5min 后设定萃取釜温度(左边的温控表)和节气阀温度。温度达到设定值后保持120min(此值已设定好，但可以更改)，然后系统将停止加热。

(4) 打开CO_2气体钢瓶总阀，设定高压泵工作流量和工作压力，按下RUN/STOP键，泵开始工作。当压力达到给定值后，泵将自动停止运行。

(5) 将操作面板上两只温控表开关均拨至“ON”挡，加热系统开始工作，对萃取釜和节气阀进行加热，当仪表显示“SOAK”时，表示温度已达到设定值，计时已开始。

(6) 当仪表显示“STOP”时，表示计时结束，系统停止加热。再次按RUN/STOP键，停泵，关闭CO_2气体钢瓶总阀。关闭仪器背面的高压泵电源和加热系统电源。

(7) 打开STATIC/DYNAMIC阀(逆时针旋转约15°)，再缓慢打开(逆时针旋转)RESTRICTOR阀，使流量计读数基本维持在3L/min以下，并注意观察收集瓶中萃取物的形状，同时做好记录。

(8) 待CO_2气体完全放空后，取下收集瓶并称得重量为m_2。打开萃取釜，取出固体残渣，称得重量为M_2，计算萃取率。

五、实验数据处理

1. 原始实验数据记录

见表3-4、表3-5。

表3-4 在恒定压力下，萃取温度对萃取率的影响

萃取釜压力/psi①	2000			3500			5000		
萃取釜温度/℃	35	50	65	35	50	65	35	50	65
萃取物重量/g									

注：① 1psi=6.89kPa。

表3-5 在恒定温度下，萃取压力对萃取率的影响

萃取釜压力/psi①	2000			3500			5000		
萃取釜温度/℃	35	50	65	35	50	65	35	50	65
萃取物重量/g									

注：① 1psi=6.89kPa。

2. 计算萃取率

$$\beta=\frac{产品质量(m_1-m_2)}{原料质量(M_1)}\times 100\% \tag{3-11}$$

根据表3-4或表3-5中的数据，在坐标纸上画出萃取率与温度或压力的关系曲线，找出萃取花生油的最优工作条件(也可以用origin软件绘制，打印后附在实验报告中)。

3. 计算溶剂比

消耗CO_2与原料之比(g/g)。

六、思考题

(1) 常见的萃取方法有哪些？与传统的萃取相比，超临界流体萃取有哪些优点？

(2) 打开CO_2气体钢瓶总阀，泵处于未工作状态，此时泵的实时压力读数代表何处压力？

(3) 萃取结束后，在打开节气阀卸压时，为何要缓慢打开阀门？若快速打开有何后果？

第 4 章　化学反应工程实验

实验 7　管式循环反应器停留时间测定

一、实验目的

（1）了解连续均相管式循环反应器的返混特性。

（2）分析观察连续均相管式循环反应器的流动特性。

（3）研究不同循环比下的返混程度，计算模型参数 N。

二、实验原理

在工业生产上，对某些反应为了控制反应物的合适浓度，以便控制温度、转化率和收率，需要使物料在反应器内有足够的停留时间，同时具有一定的线速度，可将反应物的一部分物料返回到反应器进口，使其与新鲜的物料混合再进入反应器进行反应。在连续流动的反应器内，不同停留时间的物料之间的混合称为返混。对于这种反应器循环与返混之间的关系，需要通过实验来测定。

在连续均相管式循环反应器中，若循环流量等于零，则反应器的返混程度与平推流反应器相近。由于管内流体的速度分布和扩散，会造成较小的返混。若有循环操作，则反应器出口的流体被强制返回反应器入口，也就是返混。返混程度与循环流量有关，通常定义循环比 R 为：

$$R=\frac{\text{循环物料的体积流量}}{\text{离开反应器物料的体积流量}} \tag{4-1}$$

循环比 R 是连续均相管式循环反应器的重要特征，可自零变至无穷大。

当 $R=0$ 时，相当于平推流管式反应器；当 $R=\infty$ 时，相当于全混流反应器。

因此，对于连续均相管式循环反应器，可以通过调节循环比 R，得到不同返混程度的反应系统。一般情况下，循环比大于 20 时，系统的返混特性已经非常接近全混流反应器。

返混程度，一般很难直接测定，通常是利用物料停留时间分布的测定来研究。然而测定不同状态的反应器内停留时间分布时，我们可以发现，相同的停留时间分布可以有不同的返混情况，即返混与停留时间分布不存在一一对应的关系，因此不能用停留时间分布实验测定的数据直接表示返混程度，而要借助反应器数学模型来间接表达。

停留时间分布的测定方法有脉冲法、阶跃法等，常用的是脉冲法。当系统达到稳定后，在系统的入口处瞬间注入一定量 Q 的示踪物料，同时开始在出口流体中检测示踪物料的浓度变化。

由停留时间分布密度函数的物理含义可知：

$$f(t)\,\mathrm{d}t=V\cdot c(t)\,\mathrm{d}t/Q \tag{4-2}$$

$$Q = \int_0^{\infty} V \cdot c(t) \mathrm{d}t \tag{4-3}$$

所以，

$$f(t) = \frac{V \cdot c(t)}{\int_0^{\infty} V \cdot c(t) \mathrm{d}t} = \frac{c(t)}{\int_0^{\infty} c(t) \mathrm{d}t} \tag{4-4}$$

由此可见，$f(t)$与示踪剂浓度$c(t)$成正比。因此，本实验中用水作为连续流动的物料，以氯化钾作为示踪剂，在反应器出口处检测溶液电导值。在一定范围内，KCl浓度与电导值成正比，则可用电导值来表达物料的停留时间变化关系，即$f(t) \propto L(t)$，这里$L(t) = L_t - L_{\infty}$，L_t为t时刻的电导值，L_{∞}为无示踪剂时的电导值。

由实验测定的停留时间分布密度函数$f(t)$，有两个重要的特征值，即平均停留时间$\bar{t}$和方差σ_t^2，可由实验数据计算得到。若用离散形式表达，并取相同时间间隔Δt，则：

$$\bar{t} = \frac{\sum t \cdot c(t) \Delta t}{\sum c(t) \Delta t} = \frac{\sum t \cdot L(t)}{\sum L(t)} \tag{4-5}$$

$$\sigma_t^2 = \frac{\sum t^2 \cdot c(t)}{\sum c(t)} - (\bar{t})^2 = \frac{\sum t^2 L(t)}{\sum L(t)} - (\bar{t})^2 \tag{4-6}$$

若用无因次对比时间θ来表示，即$\theta = t/\bar{t}$，无因次方差：$\sigma_\theta^2 = \sigma_t^2/(\bar{t})^2$。

在测定了一个系统的停留时间分布后，用反应器模型来描述其返混程度，这里我们采用的是多釜串联模型。

所谓多釜串联模型是将一个实际反应器中的返混情况作为与若干全混釜串联时的返混程度等效。这里的若干全混釜个数N是虚拟值，并不代表反应器个数，N称为模型参数。对多釜串联模型，假定每个反应器为全混釜，反应器之间无返混，每个全混釜体积相同，则可以推导得到多釜串联反应器的停留时间分布函数关系，并得到无因次方差σ_θ^2与模型参数N的关系为：$N = 1/\sigma_\theta^2$。

三、实验装置及试剂

1. 实验装置

本实验的实验装置流程示意如图4-1所示。

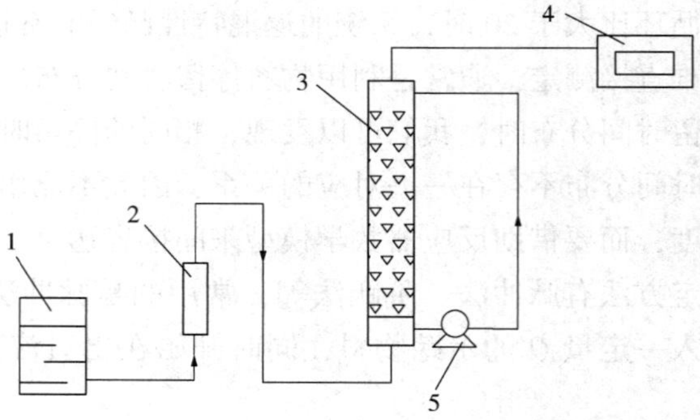

图4-1　管式循环反应器停留时间分布测定实验流程图

1—水槽；2—转子流量计；3—反应器；4—电导率仪；5—循环泵

2. 实验试剂

氯化钾，分析纯；蒸馏水；红墨水。

四、实验步骤及方法

(1) 按图 4-1 连接好装置，保证水管不泄漏。

(2) 水槽中装入蒸馏水，调节转子流量计阀门，使流出液流量稳定为 15L/h。考察不同循环比，$R=0$，5，10。

(3) 开启电源开关，调节搅拌速度为 300r/min，打开电脑在线检测软件，待系统稳定后，用注射器在反应器入口注入 5mL 饱和 KCl 溶液，当计算机在线检测示踪剂浓度不再变化时，关闭电源。

(4) 关闭水源，排空反应器料液，实验结束。

五、实验数据处理

1. 原始数据记录

见表 4-1。

表 4-1 实验数据记录表

i	1	2	3	4	5	6	7	8	9	10	11	12	13	14
T/s														
V/mV														

实验条件：流量=________ L/h；R=________。

2. 计算有关参数

平均停留时间：$\bar{t}=$

有因次方差：$\sigma_t^2=$

无因次方差：$\sigma_\theta^2=$

多釜串联模型参数：$N=$

六、思考题

(1) 何谓循环比？循环反应器的特征是什么？

(2) 计算出不同条件下系统的平均停留时间，分析偏差原因。

(3) 计算模型参数 N，讨论不同条件下系统的返混程度。

(4) 如何限制返混或加大返混程度？

实验 8 连续流动反应器中的返混测定

一、实验目的

本实验通过物料在单釜与三釜反应器中停留时间分布的测定，将数据计算结果用多釜串联模型来定量返混程度，从而认识限制返混的措施。

(1) 掌握停留时间分布的测定方法。

(2) 了解停留时间分布与多釜串联模型的关系。

(3) 了解模型参数 N 的物理意义及计算方法。

二、实验原理

在连续流动的反应器内，不同停留时间的物料之间的混合称为返混。返混程度一般很难直接测定，通常是利用物料停留时间分布的测定来研究。然而测定物料在不同状态的反应器内停留时间分布时，我们可以发现，相同的停留时间分布可以有不同的返混情况，即返混与停留时间分布不存在一一对应的关系，因此不能用停留时间分布的实验测定数据直接表示返混程度，而要借助反应器数学模型来间接表达。

物料在反应器内的停留时间完全是一个随机过程，须用概率分布方法来定量描述。所用的概率分布函数为停留时间分布密度函数 $f(t)$ 和停留时间分布函数 $F(t)$。停留时间分布密度函数 $f(t)$ 的物理意义是：同时进入的 N 个流体粒子中，停留时间介于 t 到 $t+dt$ 间的流体粒子所占的分率 dN/N 为 $f(t)dt$。停留时间分布函数 $F(t)$ 的物理意义是：流过系统的物料中停留时间小于 t 的物料的分率。

停留时间分布的测定方法有脉冲法、阶跃法等，常用的是脉冲法。当系统达到稳定后，在系统的入口处瞬间注入一定量 Q 的示踪物料，同时开始在出口流体中检测示踪物料的浓度变化。

由停留时间分布密度函数的物理含义，可知：

$$f(t)\,dt = V \cdot c(t)\,dt/Q \tag{4-7}$$

$$Q = \int_0^{\infty} V \cdot c(t)\,dt \tag{4-8}$$

所以，

$$f(t) = \frac{V \cdot c(t)}{\int_0^{\infty} V \cdot c(t)\,dt} = \frac{c(t)}{\int_0^{\infty} c(t)\,dt} \tag{4-9}$$

由此可见，$f(t)$ 与示踪剂浓度 $c(t)$ 成正比。因此，本实验中用水作为连续流动的物料，以氯化钾作为示踪剂，在反应器出口处检测溶液电导值。在一定范围内，KCl 浓度与电导值成正比，则可用电导值来表达物料的停留时间变化关系，即 $f(t) \propto L(t)$，这里 $L(t) = L_t - L_\infty$，L_t 为 t 时刻的电导值，L_∞ 为无示踪剂时的电导值。

停留时间分布密度函数 $f(t)$ 在概率论中有两个特征值，平均停留时间(数学期望) $\bar{t}$ 和方差 σ_t^2。

$\bar{t}$ 和 σ_t^2 的表达式同式(4-5)和式(4-6)。若用无因次对比时间 θ 来表示，即 $\theta = t/\bar{t}$，无因次方差：$\sigma_\theta^2 = \sigma_t^2/\bar{t}^2$。

在测定了一个系统的停留时间分布后，如何来评价其返混程度，则需要用反应器模型来描述，这里我们采用的是多釜串联模型。

所谓多釜串联模型是将一个实际反应器中的返混情况作为与若干个全混釜串联时的返混程度等效。这里的若干个全混釜个数 N 是虚拟值，并不代表反应器个数，N 称为模型参数。

对多釜串联模型，假定每个反应器为全混釜，反应器之间无返混，每个全混釜体积相同，则可以推导得到多釜串联反应器的停留时间分布函数关系，并得到无因次方差 σ_{θ}^{2}与模型参数 N 存在关系为：$N=1/\sigma_{\theta}^{2}$。

当 $N=1$，$\sigma_{\theta}^{2}=1$，为全混釜特征；当 $N\to\infty$，$\sigma_{\theta}^{2}\to 0$，为平推流特征。

这里 N 是模型参数，是个虚拟釜数，并不限于整数。

三、实验装置及试剂

1. 实验装置

实验装置流程示意如图 4-2 所示。由单釜与三釜串联两个系统组成。三釜串联反应器中每个釜的体积为 1L，单釜反应器体积为 3L，用可控硅直流调速装置调速。实验时，水分别经两个转子流量计流入两个系统。稳定后在两个系统的入口处分别快速注入示踪剂，由每个反应釜出口处电导电极检测示踪剂浓度变化，并由计算机软件在线记录。

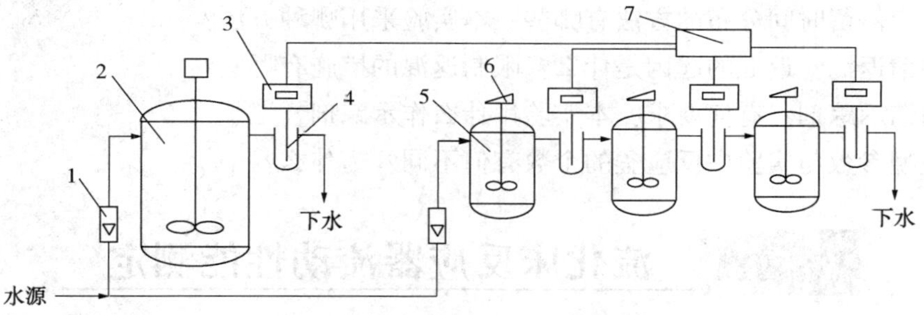

图 4-2 四釜串联实验流程示意图

1—转子流量计；2—全混釜(3L)；3—电导率仪；4—电导电极；5—全混釜(1L)；6—电机；7—计算机

2. 实验试剂

氯化钾(作为示踪剂)，分析纯；自来水。

四、实验步骤及方法

实验用脉冲示踪法接收响应信号，通过在进口注入 KCl 饱和溶液，由电导率仪显示出口的电导值(毫伏数)，通过计算机在线采集，在屏幕上显示停留时间分布密度函数曲线，并由计算机进行数据处理计算出数学期望，方差和无因次方差，模型参数 N。

(1) 通水，开启水开关，让水注满反应釜，调节进水流量为 20L/h，保持流量稳定。

(2) 通电，开启电源开关。

(3) 开启各电导率仪，调到适当的量程挡；开动搅拌装置，单釜转速控制在 170~180r/min，三釜为 340~360r/min。

(4) 打开计算机，设定实验条件参数。

(5) 运行大约 30min，待系统稳定后，点击软件中采样界面上的“开始”，用注射器迅速注入示踪剂 2~3mL(单釜约 5mL)，窗体中的图像框中会显示停留时间密度分布曲线。

(6) 在采样结束后可选取[文件]菜单中的“存盘”和“打印”功能，或选择“计算结果显示”，则出现一个小窗体可给出平均停留时间、方差、无因次方差和釜数等四个主要参数。

（7）实验结束后应将调速仪转速降为零关闭进水阀，按下红色指示灯按钮（此时绿色按钮灭）来切断设备总电源，接着关闭电脑。

五、实验数据处理

由于本实验是采用计算机数据采集与分析处理系统，所以可直接由电导率仪输出信号至计算机，由计算机负责数据采集与分析，在显示器上画出停留时间分布的动态曲线图，并在实验结束后自动计算平均停留时间、方差和模型参数。停留时间分布曲线与相应数据均可方便地保存或打印输出。

六、思考题

（1）为什么说返混与停留时间分布不是一一对应的？为什么又可以通过测定停留时间分布来研究返混呢？

（2）测定停留时间分布的方法有哪些？本实验采用哪种方法？

（3）何谓返混？返混的起因是什么？限制返混的措施有哪些？

（4）何谓示踪剂？有何要求？本实验用什么作示踪剂？

（5）模型参数与实验中反应釜的个数有何不同？为什么？

实验 9　流化床反应器流动性能测定

§9-1　气-固流化床系统

一、实验目的

（1）观察流化床反应器中催化剂固体颗粒聚式流态化和散式流态化的实验现象，建立起对流态化过程的感性认识。

（2）了解流化床反应器床层压降分布原理，并测定床层压降-气体流速的关系曲线。

（3）通过观察催化剂固体颗粒的流化状态，得到临界流化速度和带出速度，并计算弗劳德数 Fr、膨胀比和流化数。

二、实验原理

1. 流化现象

气体从流化床床层下方流入，经过分布器进入催化剂固体颗粒物料层，随着气体流速 u_f 的不同，会出现不同的流化现象，见图 4-3。

（1）固定床阶段

气体流速较低时，固体颗粒静止不动，即未发生流化，固体颗粒床层属于固定床阶段，阻力随气体流速增大而增大。

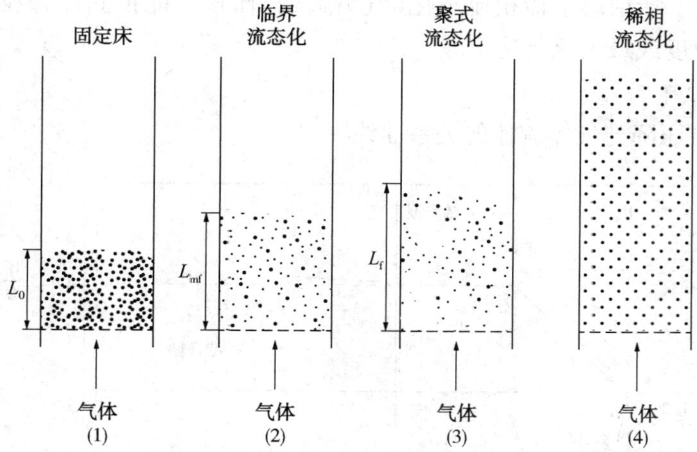

图 4-3　气-固流化床系统催化剂固体颗粒流化现象

（2）临界流态化阶段

气体流速继续增大，固体颗粒在气体中的浮力接近或等于颗粒所受重力及其在床层中的摩擦力时，颗粒开始松动悬浮，床层体积开始膨胀。当气体流速继续增大时，几乎所有的粒子都会悬浮在床层空间，床层属于初始流化或临界流化阶段。此时的气体流速称为临界流化速度或最小流化速度 u_{mf}。

（3）聚式流态化阶段

聚式流态化出现在流体和固体颗粒密度相差较大的体系，如气-固流化床。当气速 $u_f>u_{mf}$ 时，床层发生搅动，气体鼓泡现象开始出现。从开始流态化，床层的波动逐渐加剧，但其膨胀程度却不大。因为气体与固体的密度差别较大，气体要将固体颗粒推起来比较困难，所以只有小部分气体在颗粒间通过，大部分气体则汇成气泡穿过床层。气泡穿过床层时造成床层波动，它们在上升过程中逐渐长大、相互合并，到达床层顶部后发生破裂，并将该处的颗粒溅散，使得床层上界面起伏不定。床层内的颗粒很少分散开来各自运动，而多是聚结成团地运动，成团地被气泡推起或挤开。气泡的聚集合并引起床层的剧烈波动，床层中形成很多以气泡为主的稀相空间（床层上部）和以颗粒为主的密相空间（床层下部），床层属于聚式流态化或鼓泡流态化阶段。聚式流态化一般发生在气-固系统，这也是目前工业上应用较多的流化床形式。

可以按照下式计算弗劳德数 Fr 作为流态化类型的判据：

$$Fr=\frac{u_{mf}^{2}}{g\times d_p} \tag{4-10}$$

式中　u_{mf}——临界流化速度，m/s；

g——重力加速度，m/s^2；

d_p——颗粒尺寸，m。

弗劳德数 $Fr<1$ 时，为均匀的散式流态化，$Fr>1$ 时，为不均匀的聚式流态化。

（4）稀相流态化阶段

如果继续增加气体的流速，固体颗粒与气体间的力平衡被打破，床层上界面消失，大部分颗粒被气体带走，床层属于稀相流态化(气力输送)阶段，能把固体颗粒带走的气体流速称为粒子的带出速度或最大流化速度 u_t。

2. 流化床压力降

图 4-4 是床层压降与气体流速的关系曲线。

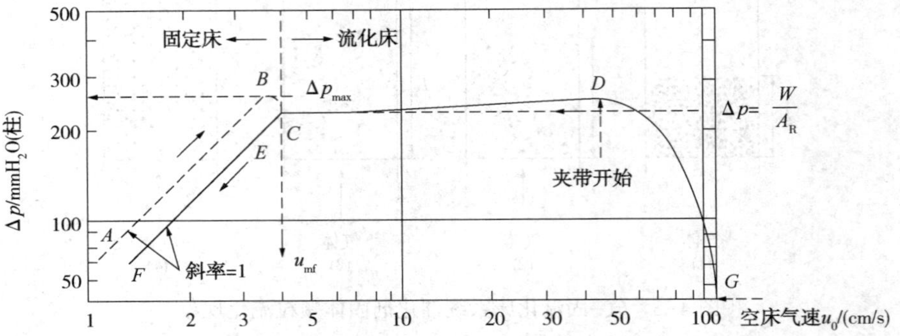

图 4-4 床层压降与气体流速的关系曲线

当气体流速较低时，压降与气体流速在双对数坐标图上近似成正比，随着气体流速的增大，直到达到最大压力降 Δp_{max}(虚线 AB)，此时为固定床阶段。Δp_{max} 略大于床层静压，因为粒子流化除克服静压外，还要克服静止状态下粒子之间的静摩擦力(使床层空隙率由固定床空隙率变化到临界床层空隙率 ε_{mf})。粒子完全松动后，气体流速增加，压降值不再增加，反而又恢复到与静压相等，这时，系统中粒子与气体间达到力平衡，处于完全流化状态。图中 C 点为临界流化点，对应的流速即为临界流化速度 u_{mf}。在流化阶段，流速增大但床层压降基本保持不变(如图 CD 实线所示)。当流速超过 D 点所对应的流速后，粒子开始被气体夹带"出局"，这时如果不连续补充粒子，固体颗粒将会随着流速的增大，完全被带出反应器，床层压力降急剧下降(如图中曲线 DG)。D 点所对应的流速为最大流化速度，亦称粒子带出速度 u_t。若逐渐降低流态化床层气体的流速，床层高度亦逐渐降低，到达临界点 C 点时，床层停止流化。继续降低流速，压力降则沿 EF 实线(而不是 BA 虚线)下降。

在流态化状态下，气体向上运动产生的曳力应等于固体粒子的重力 W，即

$$A_R \Delta p = W \tag{4-11}$$

而

$$W=(A_R L_{mf})(1-\varepsilon_{mf})(\rho_s-\rho_f)g=(A_R L_f)(1-\varepsilon_f)(\rho_s-\rho_f)g \tag{4-12}$$

联立式(4-11)、式(4-12)，得到床层阻力计算式：

$$\Delta p=L_{mf}(1-\varepsilon_{mf})(\rho_s-\rho_f)g=L_f(1-\varepsilon_f)(\rho_s-\rho_f)g \tag{4-13}$$

式中 Δp——床层压力降，Pa；

A_R——床层横截面积，m^2；

L_{mf}、L_f——临界流化床层高度和流化床层高度，m；

ε_{mf}、ε_f——临界流化床和流化床的空隙率；

ρ_s、ρ_f——固体颗粒和气体的密度，kg/m^3；

g——重力加速度，$9.81m/s^2$。

流化床压力降也可以从固定床在临界流速下的压力降来求得，因为流化床压力降在流化段保持不变，可以通过其与固定床的交点 C 来计算。固定床在 C 点的压降可由下式计算：

$$\Delta p = f_m \frac{\rho_f u_{mf}^2}{d_s} \left(\frac{1-\varepsilon_{mf}}{\varepsilon_{mf}^3} \right) L_{mf} \tag{4-14}$$

式中的参数为床层在临界状态下的参数，f_m为临界状态下的摩擦系数。

3. 流化床操作条件

（1）临界流化速度

常采用一些经验公式进行估算：

对小颗粒（$Re_{mf}<20$）：

$$u_{mf} = \frac{d_p^2(\rho_s - \rho_f)g}{1650\mu} \tag{4-15}$$

对大颗粒（$Re_{mf}>1000$）：

$$u_{mf}^2 = \frac{d_p(\rho_s - \rho_f)g}{24.5\rho_f} \tag{4-16}$$

通过经验式计算常有一定偏差。在条件满足的情况下常常通过实验直接测定颗粒的临界流化速度。前文已介绍，此处不再赘述。图 4-4 中 C 点对应的流速就是临界流化速度 u_{mf}。

（2）最大流化速度

图 4-4 中 D 点所对应的流速为最大流化速度，亦称粒子带出速度 u_t。

（3）膨胀比

流化床的床高 L_f与静床层的高度 L_0之比，称为膨胀比，即：

$$R = L_f / L_0 \tag{4-17}$$

（4）流化数

流化床实际采用的流化速度 u_f与临界流化速度 u_{mf}之比称为流化数，即：

$$K = u_f / u_{mf} \tag{4-18}$$

三、实验装置

实验装置流程如图 4-5 所示。

四、实验步骤及方法

（1）将固体催化剂颗粒填充至流化床反应器内，高度为 10cm。

（2）打开电脑，运行测量软件，开启差压变送器。

（3）缓慢打开气体进料阀门，调节气体流量计至 1～2L/min，观察流化床内催化剂床层变化，床层稳定后，记录床层压降、床层高度和气体流量。

（4）继续缓慢增加空气流速，每次增加 1～2L/min，稳定后记录床层压降、床层高度及气体流量。持续增加气体流速，当即将超出 F301（2～20L/min）量程时，关闭此流量计，切换 F302（30～300L/min），此时空气流速每次增加 15～20L/min，注意观察床层和压降变化，重复上述步骤，一般测取 12～15 个点。

（5）当流化床床层高度超出溢流口，此时达到最大流化速度 u_t，流态化被破坏，即可停止实验。关闭差压变送器，其他阀门复位。

（6）将固体催化剂颗粒填充高度调为 30cm，重复上述操作。

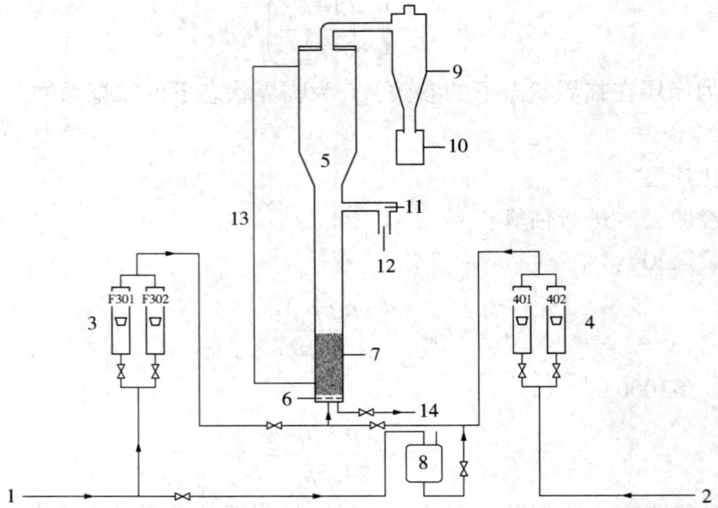

图 4-5 流化床实验装置流程图

1—气体进料口；2—液体进料口；3—气体流量计；4—液体流量计；5—流化床反应器；6—分布板；7—固体颗粒；8—示踪剂罐；9—旋风分离器；10—收集袋；11—电导率仪；12—液体出料口；13—差压变送器；14—液体底部出料口

五、实验数据记录及处理

1. 实验数据记录

(1) 基本参数

设备参数		固体颗粒基本参数	
流化床内径：	cm	固体种类	平均粒径/μm
1#静床层高度 L_0：	cm		
2#静床层高度 L_0：	cm		
3#静床层高度 L_0：	cm		
4#静床层高度 L_0：	cm		

(2) 气-固流化床系统

流化床：____号装置；床层高度：____cm。

序号	流量/(L/min)	流速/(m/s)	压差/kPa	床高/mm	现象

2. 实验数据处理

(1) 根据实验所得流速和压差数据，用双对数坐标轴绘制流速-压降关系曲线，计算临界流化速度 u_{mf} 和带出速度 u_t，并分析原因。

(2) 计算弗劳德数、膨胀比和流化数，填入下表；以序号5数据为例，列出详细计算过程。

流化床：____号装置；床层高度：____cm。

序号	流量/(L/min)	流速/(m/s)	压差/kPa	床高/mm	弗劳德数	膨胀比	流化数

六、实验结果及讨论

(1) 分析流化态过程所观察的现象，与理论进行比较。说明固定床和流化床的不同特点。

(2) 用双对数坐标轴绘制空气流速-压降关系曲线，分析讨论实验结果。

(3) 根据计算得到的弗劳德数、膨胀比、流化数的数值分析实验结果。

七、思考题

(1) 流化床反应器的基本特征是什么？

(2) 如何通过实验测定流化床的临界流化速度？

(3) 影响流化床流动性能的因素有哪些？

§9-2 液-固流化床系统

一、实验目的

(1) 观察流化床反应器中催化剂固体颗粒聚式流态化和散式流态化的实验现象，建立起对流态化过程的感性认识。

(2) 掌握流化床反应器液体停留时间测定及实验结果分析的方法。

二、实验原理

1. 流化现象

液体从流化床床层下方流入，经过分布器进入催化剂固体颗粒物料层，随着液体流速 u_f 的不同，会出现不同的流化现象，见图4-6。

(1) 固定床阶段

液体流速较低时，固体颗粒静止不动，即未发生流化，固体颗粒床层属于固定床阶段，阻力随液体流速增大而增大。

(2) 临界流态化阶段

液体流速继续增大，固体颗粒在液体中的浮力接近或等于颗粒所受重力及其在床层中的摩擦力时，颗粒开始松动悬浮，床层体积开始膨胀。当流速继续增大时，几乎所有的粒子都会悬浮在床层空间，床层属于初始流化或临界流化阶段。此时的流速称为临界流化速度或最小流化速度 u_{mf}。

（3）散式流态化阶段

对于液固流化床，当液体流速 $u_f>u_{mf}$时，由于液体与固体颗粒的密度相差不大，颗粒均匀地分布在整个流化床内且随着流速增加床层均匀膨胀，床内孔隙率均匀增加，床层上界面平稳，压降稳定、波动很小。此时，固体颗粒属于散式流化阶段。散式流态化一般发生在液-固系统。

（4）稀相流态化阶段

如果继续增加液体的流速，固体颗粒与液体间的力平衡被打破，床层上界面消失，大部分颗粒被液体带走，床层属于稀相流化（气力输送）阶段，能把固体颗粒带走的液体流速称为粒子的带出速度或最大流化速度 u_t。

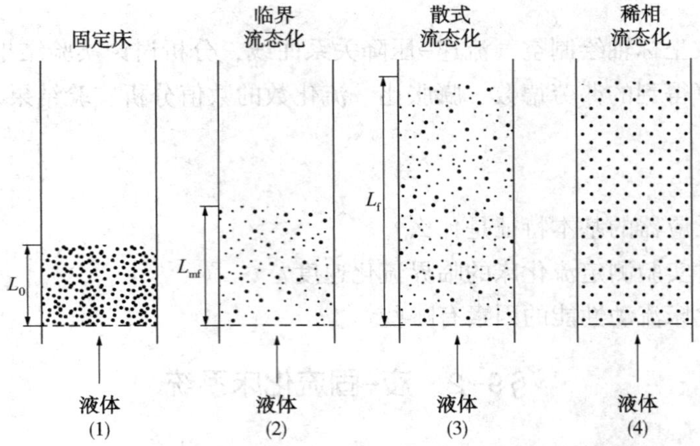

图 4-6　液-固流化床系统催化剂固体颗粒流化现象

2. 流化床液体停留时间分布

当液体在稳定流速下流经设备时，都存在不同程度的返混，致使各质点在设备内的停留时间不同。通过测定停留时间分布，无须知道反应器内流场的细节，只要知道每个粒子在反应器中停留的时间，即知道停留时间的分布，就可以确定反应程度及反应器的生产能力、转化率、收率等参数。

停留时间分布的测定方法有脉冲法、阶跃法等，常用的是脉冲法。当系统达到稳定后，在系统的入口处瞬间注入一定量的示踪剂，同时开始检测出口液体示踪剂的浓度变化。

停留时间分布能够用停留时间分布密度函数 $E(t)$ 和停留时间分布函数 $F(t)$ 来表示。$E(t)$ 的定义是：在某一瞬间加入系统一定量示踪物料，该物料中的各液体粒子将经过不同的停留时间后依次流出，而停留时间在 $[t, t+dt]$ 间的物料占全部示踪物料的分率为 $E(t)dt$。根据定义，$E(t)$ 有归一化性质：

$$\int_0^{\infty} E(t)\,dt = 1 \tag{4-19}$$

对停留时间分布密度函数 $E(t)$ 有两个重要概念，数学期望(平均停留时间) $\bar{t}$ 和方差 σ_t^2。当实验数据的数量较大，且所获样品是瞬间样品，即相应于某时刻 t 下的样品，则：

$$\bar{t}=\frac{\sum_{i=1}^{N} t_i E(t_i)\Delta t}{\sum_{i=1}^{N} E(t_i)\Delta t}=\frac{\sum_{i=1}^{N} t_i c_{Ai}\Delta t}{\sum_{i=1}^{N} c_{Ai}\Delta t} \tag{4-20}$$

$$\sigma_t^2=\frac{\sum_{i=1}^{N} t_i^2 E(t_i)\Delta t}{\sum_{i=1}^{N} E(t_i)\Delta t}-\bar{t}^2=\frac{\sum_{i=1}^{N} t_i c_{Ai}\Delta t}{\sum_{i=1}^{N} c_{Ai}\Delta t}-\bar{t}^2 \tag{4-21}$$

式中　Δt_i——两次取样时间。若等时间间隔取样：

$$\bar{t}=\frac{\sum_{i=1}^{N} t_i c_{Ai}}{\sum_{i=1}^{N} c_{Ai}} \tag{4-22}$$

$$\sigma_t^2=\frac{\sum_{i=1}^{N} t_i c_{Ai}}{\sum_{i=1}^{N} c_{Ai}}-\bar{t}^2 \tag{4-23}$$

式中　$\bar{t}$——平均停留时间；

σ_t^2——方差；

t_i——取样时间；

c_{Ai}——示踪剂浓度。

三、实验装置与流程

实验装置与流程同图 4-5。

四、实验步骤及方法

(1) 将固体催化剂颗粒填充至流化床反应器内，高度为 20cm；缓慢打开液体进料阀门，向流化床内填充自来水，液位高于电导率仪。

(2) 将预先配制好的饱和 KCl 溶液加入示踪剂罐内液位 2/3 处，并压紧上盖；打开气体进料口，向示踪剂罐内填充 0.1~0.2MPa 空气，关闭气体进料口。

(3) 打开电脑，运行测量软件，开启电导率仪，点击电导率实时趋势界面。

(4) 调节液体流量计至 2L/min，观察流化床内催化剂床层变化，床层稳定后，打开电磁阀开关，加入少量示踪剂，关闭电磁阀，记录时间，观察电导率变化情况。

(5) 停留时间曲线趋于平缓时，停止实验，记录时间，保存电导率实验数据。

(6) 调节液体流量计至 6L/min，重复上述操作。

(7) 停留时间曲线趋于平缓时，结束实验，关闭液体进料开关、电导率仪、电脑，其他阀门复位，将反应器内液体通过液体底部出料口排尽。

五、实验数据处理

1. 实验数据记录

（1）基本参数

设备参数	固体颗粒基本参数	
流化床内径：　　cm	固体种类	平均粒径/μm
$1^{\#}$静床层高度 L_0：　　cm		
$2^{\#}$静床层高度 L_0：　　cm		
$3^{\#}$静床层高度 L_0：　　cm		
$4^{\#}$静床层高度 L_0：　　cm		

（2）液-固流化床系统

流化床：____号装置；液体流量：____L/min；液体流速：____m/s。

序号	时间/s	电导率值/(μS/cm)	实验现象	序号	时间/s	电导率值/(μS/cm)	实验现象
1			5				
2			6				
3			7				
4			8				

2. 实验数据处理

根据实验数据绘制停留时间分布曲线，计算平均停留时间和方差，选取 8 组数据进行计算，并详细列出计算过程。

六、实验结果及讨论

（1）分析讨论流化态过程所观察的现象，与理论进行比较。并说明固定床和流化床的不同特点。

（2）根据停留时间分布测定结果分析流化床的流动状况。

七、思考题

（1）流化床流动性能的主要测定指标有哪些？

（2）影响物料在流化床内停留时间的因素包括哪些？

（3）在工业上，流化床反应器被广泛应用于哪些化学反应过程？

第 5 章 化工工艺实验

石油化工实验

实验 10 石油产品的性质测定

§10-1 石油产品密度测定(比重瓶法)[参考 GB/T 13377—2010]

本方法适用于测定液体或固体石油产品的密度，但不适宜测定高挥发性液体(如液化石油气等)的密度。

一、方法概要

密度是在温度 t℃时单位体积的质量，以 g/cm^3，kg/m^3 表示。报告密度时要指明温度，在 20℃时的密度称标准密度，用 ρ_{20} 表示。

二、仪器及试剂

1. 仪器

(1) 比重瓶：瓶颈上带有标线或毛细管磨口塞子，体积为 25mL 的比重瓶。如图 5-1 所示三种类型。

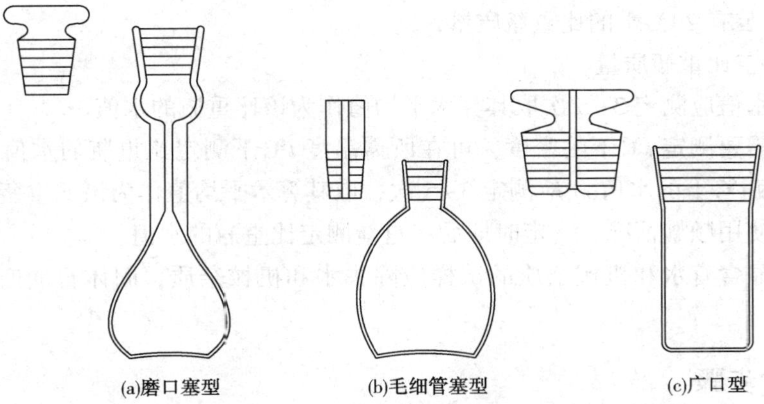

图 5-1 三种型式的比重瓶

磨口塞型：上部有一个磨口塞，中部为一个毛细管。除黏性产品外，它对各种试样都适用，通常多用于较易挥发的产品(如汽油等)，它能防止试样的挥发。有膨胀室，可用于室温高于测定温度的情况。

毛细管塞型：上部为一个带有毛细管的锥形塞。它适用于不易挥发的液体，如润滑油，但不适用于黏度太高的试样。

广口型：上部为带毛细管的磨口塞。它适用于测定高黏度(如重油等)或固体产品。

(2) 恒温浴：深度大于比重瓶高度的水浴，能把水浴温度变化控制在±0.1℃以内。

(3) 温度计：0~50℃或50~100℃，分度0.1℃。

(4) 比重瓶支架：能支持比重瓶，使垂直于恒温浴的正确位置，可用金属或其他材料制成。

2. 实验试剂

铬酸洗液；洗涤用轻汽油或其他溶剂，用于洗涤比重瓶油污。

三、准备工作

(1) 先清除比重瓶和塞子上的油污，经铬酸洗液彻底清洗，用水洗清后再用蒸馏水冲洗并干燥。必要时可用过滤的干燥空气流清除水的痕迹。

比重瓶应清洗到瓶的内、外壁不挂水珠，水能从比重瓶的内壁或毛细管塞内完全流出。

(2) 比重瓶20℃水值的测定如下：

将仔细洗涤、干燥好并冷却至室温的比重瓶称准至0.0002g，得空比重瓶的质量 m_1。用注射器将新煮沸并已冷却至18~20℃的蒸馏水装满至比重瓶顶端，加上塞子，然后放入20±0.1℃的恒温水浴中，但不要浸没比重瓶或毛细管上端。

将上述装有蒸馏水的比重瓶在恒温浴中至少保持30min。待达到平衡，没有气泡，液面不再变动时，将过剩的蒸馏水用滤纸吸去。对磨口塞比重瓶，擦去标线以上部分的试样后，盖上磨口塞，取出比重瓶。仔细用绸布将比重瓶外部擦干，称准至0.0002g，得装有水的比重瓶的质量 m_2。比重瓶20℃的水值 m_{20} 按下式计算：

$$m_{20}=m_2-m_1 \tag{5-1}$$

式中 m_{20}——比重瓶20℃的水值，g；

m_2——装有20℃水的比重瓶质量，g；

m_1——空比重瓶质量，g。

比重瓶的水值应测定3~5次取其算术平均值作为该比重瓶的水值。

(3) 如果需要测定 t℃下的密度，可在所需温度 t℃下测定比重瓶的水值 m_t，操作方法同(2)。比重瓶 t℃下的水值 m_t 应测定3~5次，取其算术平均值作为该比重瓶的水值。

(4) 根据使用频繁情况，一定时期后应重新测定比重瓶的水值。

(5) 对明显含有水和机械杂质的试样应除去水和机械杂质，固体石油产品需要粉碎成小块。

四、实验步骤

(1) 根据试样选择适当型号的比重瓶，将恒温浴调到所需的温度。

(2) 将清洁、干燥的比重瓶称准至0.0002g。

(3) 将试样用注射器小心地装入已确定水值的比重瓶中，加上塞子，比重瓶浸入恒温浴直到顶部，注意不要浸没比重瓶或毛细管上端，在水浴中恒温时间不得少于20min，待温度达到平衡，没有气泡，试样表面不再变动时，将毛细管顶部（或毛细管中）过剩的试样用滤纸（或注射器）吸去，对磨口塞型比重瓶盖上磨口塞，取出比重瓶，仔细擦干其外部并称准至0.0002g，得装有试样的比重瓶质量 m_3。

（4）对固体或半固体试样，最好采用广口型的比重瓶，加入半瓶试样，勿使瓶壁污浊。如试样为脆性固体（如沥青），则粉碎或熔融后装入，然后用加热、抽空等办法除去气泡，冷却到接近20℃。

将上述比重瓶称准至0.0002g，得装有半瓶试样的比重瓶质量 m_3。再用蒸馏水充满比重瓶。并放在20℃恒温水浴中，恒温时间不少于20min，待温度达到平衡，没有气泡，液面不再变动后，将毛细管顶部过剩的水用滤纸吸去，取出比重瓶。仔细擦干其外部并称准至0.0002g，得装有半瓶试样和水的比重瓶质量 m_4。

五、计算

液体试样20℃的密度 ρ_{20}，按式(5-2)计算：

$$\rho_{20}=\frac{(m_3-m_1)\times(0.9982-0.0012)}{m_{20}}+0.0012 \tag{5-2}$$

式中 m_3——在20℃时装有试样的比重瓶质量，g；

m_1——空比重瓶质量，g；

m_{20}——在20℃时比重瓶的水值，g；

0.9982——水在20℃时的密度，g/cm^3；

0.0012——在20℃，大气压力为760mmHg时的空气密度，g/cm^3。

固体或半固体试样的20℃密度 ρ_{20}，按式(5-3)计算：

$$\rho_{20}=\frac{(m_3-m_1)\times(0.9982-0.0012)}{m_{20}-(m_4-m_3)}+0.0012 \tag{5-3}$$

式中 m_4——在20℃时装有半瓶试样的水和比重瓶质量，g。

液体试样的 t℃密度，按式(5-4)计算：

$$\rho_{20}=\frac{(m_3-m_1)\times(\sigma-0.0012)}{m_t}+0.0012 \tag{5-4}$$

式中 m_t——在 t℃时比重瓶的水值（t℃时装水的比重瓶质量减去空比重瓶质量），g；

σ——水在 t℃时的密度，g/cm^3；

六、精密度

重复测定两个结果之差不应超过表5-1中相应的数值。

表5-1 密度测定的重复性要求

试 样	允许误差/(g/cm^3)
液体石油产品	0.0004
固体或半固体石油产品	0.0008

注：此精密度规定适用于20℃，对 t℃测定时的精密度未作规定。

七、报告

取重复测定两个结果的算术平均值作为测定结果。

八、思考题

（1）为什么要测定 20℃的比重瓶水值？怎么测定水值？

（2）油品的密度是怎样随温度变化的？本实验的温度是多少？

（3）比重瓶恒温时应注意哪些问题？如何保持恒温水浴温度恒定？

（4）本实验成功的关键是什么？

（5）使用天平时应注意哪些问题？

§10-2　石油产品馏程测定[参考 GB/T 255—1977]

本方法适用于测定发动机燃料、溶剂油和轻质石油产品的馏分组成。

一、方法概要

100mL 试样在规定的仪器及实验条件下，按产品性质的要求进行蒸馏，系统地观察温度读数和冷凝液体积，然后从这些数据中算出测定结果。

二、仪器

（1）石油产品馏程测定器：符合 SH/T 0121—1992《石油产品馏程测定装置技术条件》的各项规定。如图 5-2 所示。

（2）秒表。

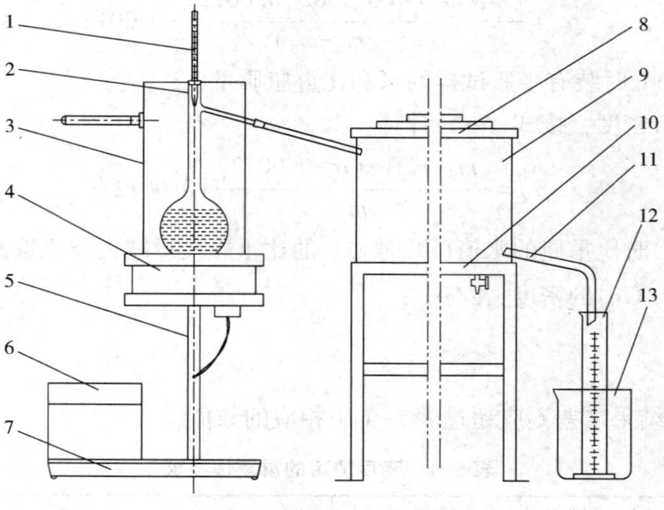

图 5-2　石油馏程测定器(电炉法)

1—温度计；2—蒸馏烧瓶；3—烧瓶罩；4—电炉；5—立柱；6—电气装置；7—底座；
8—盖；9—冷凝槽；10—架；11—冷凝管；12—量筒；13—玻璃缸

（3）喷灯或用带自耦变压器的电炉。

（4）温度计：符合 GB/T 514—2005《石油产品试验用玻璃液体温度计技术条件》。

三、准备工作

（1）试样中有水时，实验前应进行脱水。

（2）在蒸馏前，冷凝管要用缠在铜丝或铝丝上的软布擦拭内壁，除去上次蒸馏剩下的液体。

（3）在蒸馏汽油时，冷凝槽中加入冰块或雪，再注入冷水浸过冷凝管。蒸馏时水槽的温度必须保持在 0~5℃。

缺乏冰或雪时，验收实验可以用冷水代替。仲裁实验时，必须使用冰或雪。

（4）蒸馏溶剂油、喷气燃料、煤油或其他石油产品时，冷凝槽的进水和排水支管都要套上橡皮管，让冷水经过进水支管流入水槽，再经排水支管流走，流出水的温度要调节到不高于 30℃。

在蒸馏含蜡液体燃料（凝点高于-5℃）的过程中，控制水温在 50~70℃。

（5）蒸馏烧瓶可以用轻质汽油洗涤，再用空气吹干。在必要时，用铬酸洗液或碱洗液除去蒸馏烧瓶中的积炭。

（6）用清洁、干燥的 100mL 量筒，量取试样 100mL 注入蒸馏烧瓶中，不要使液体流入蒸馏烧瓶的支管内。量筒中的试样体积是按凹液面的下边缘计算，观察时要保持眼睛与液面在同一水平面上。

注入蒸馏烧瓶时试样的温度应为（20±3）℃。

注：在测定含蜡液体燃料时，可适当提高试样温度，使其在流动状态下量取。如遇争执，量取试样的温度应与接收温度一致。

（7）用插好温度计的软木塞，紧密地塞在盛有试样的蒸馏烧瓶口内，使温度计和蒸馏烧瓶的轴心线相互重合，并且使水银球的上边缘与支管焊接处的下边缘在同一平面。

（8）装有汽油或溶剂油的蒸馏烧瓶，要安装在符合 GB 515 图 7 中甲规定的石棉垫上；装有煤油、喷气燃料或轻柴油的蒸馏烧瓶，要安装在符合 GB 515 图 7 中乙规定的石棉垫上；装有重柴油或其他重质油料的蒸馏烧瓶，要安装在符合 GB 515 图 7 丙规定的石棉垫上。

蒸馏烧瓶的支管要用紧密的软木塞与冷凝管的上端相连接。支管插入冷凝管内的长度要达到 25~40mm，但不能与冷凝管的内壁接触。

在软木塞的连接处均匀涂上火棉胶后，将上罩放在石棉垫上，把蒸馏烧瓶罩住。

注：蒸馏汽油时，加热器和上罩的温度都不应高于室温。

（9）量取过试样的量筒不需经过干燥，就放在冷凝管的下面，并使冷凝管下端插入量筒中（暂时互相不接触）不得少于 25mm，也不得低于 100mL 的标线。量筒的口部要用棉花塞好，才能进行蒸馏。

蒸馏汽油时，量筒要浸在装着水的高型烧杯中。烧杯中的液面要高出量筒 100mL 的标线。量筒的底部要压有金属的重物，使量筒不能浮起。在蒸馏过程中，高型烧杯中的水温应保持在（20±3）℃。

四、实验步骤

（1）装好仪器之后，先记录大气压，然后开始对蒸馏烧瓶均匀加热。

蒸馏汽油或溶剂油时，从加热开始到冷凝管下端滴下第一滴馏出液所经过的时间为5~10min；蒸馏航空汽油时，为7~8min；蒸馏喷气燃料、煤油、轻柴油时，为10~15min；蒸馏重柴油或其他重质油料时，为10~20min。

（2）第一滴馏出液从冷凝管滴入量筒时，记录此时的温度作为初馏点。

（3）蒸馏达到初馏点时，移动量筒，使其内壁接触冷凝管末端，让馏出液沿着量筒内壁流下。此后，蒸馏速度要均匀，每分钟馏出4~5mL，这速度一般应相当于每10s馏出20~25滴。

以每10s相应的滴数来检查蒸馏速度时，可以将量筒内壁与冷凝管末端离开片刻。

蒸馏重柴油时，最初馏出10mL的蒸馏速度是每分钟2~3mL，继续下去的蒸馏速度是每分钟4~5mL。

（4）在蒸馏过程中要记录试样的技术标准中所要求的事项。例如：

① 如果试样的技术标准要求馏出百分数（如10%、50%、90%等）的温度，那么当量筒中馏出液的体积达到技术标准所指定的百分数时，就立刻记录馏出温度。实验结束时，温度计的误差，应根据温度计检定证上的修正数进行修正；馏出温度受大气压的影响，应根据本方法实验步骤（12）之①进行修正。

② 如果试样的技术标准要求在某温度（例如100℃、200℃、250℃、270℃）下的馏出百分数，那么当蒸馏温度达到技术标准所指定的温度时，就立刻记录量筒中馏出液的体积。在这种情况下，温度计的误差，应预先根据温度计检定证上的修正数进行修正；馏出温度受大气压的影响，也应预先根据本方法实验步骤（12）之①进行修正。

例：蒸馏灯用煤油时，大气压为96.7kPa（725mmHg），而温度计在270℃的修正值为+1℃，即以269℃代替270℃。在这种情况下，当温度计读数达到：

$$(270-1)-0.065\times(101.3-97.6)\times7.5=267℃$$

时，应记录量筒中馏出液的体积。

（5）在蒸馏汽油或溶剂油的过程中，当量筒中的馏出液达到90mL时，允许对加热强度作最后一次调整，要求在3~5min内达到干点。如果要求终点而不要求干点时，应在2~4min内达到终点。干点的定义见本方法实验步骤（7）。

在蒸馏喷气燃料、煤油或轻柴油的过程中，当量筒中的液面达到95mL时，不要改变加热强度，并记录从95mL到终点所经过的时间，如果这段时间超过3min，这次实验无效。

（6）蒸馏达到试样技术标准要求的终点（如馏出95%、96%、97%、98%等）时，除记录馏出温度外，应同时停止加热，让馏出液馏出5min，就记录量筒中液体体积。

蒸馏喷气燃料或煤油时，如果在尚未达到技术标准要求的馏出98%时已把试样蒸干，再次实验就允许在馏出液达到97.5%时记录馏出温度并停止加热，让馏出液馏出5min，然后记录量筒中液体的体积。如果量筒中的液体体积小于98mL，应重新进行实验。

（7）如果试样的技术标准规定有干点的温度，那么对蒸馏烧瓶的加热要达到温度计的水银柱停止上升而开始下降时为止，同时记录温度计所指示的最高温度作为干点。在停止加热后，让馏出液馏出 5min，就记录量筒中液体的体积。

（8）蒸馏时，所有读数都要精确到 0. 5mL 和 1℃。

（9）实验结束时，取出上罩，让蒸馏烧瓶冷却 5min 后，从冷凝管卸下蒸馏烧瓶。卸下温度计及瓶塞之后，将蒸馏烧瓶中热的残留物仔细地倒入 10mL 的量筒内。待量筒冷却到（20±3）℃时，记录残留物的体积，精确到 0. 1mL。

（10）试样的 100mL 减去馏出液和残留物的总体积所得之差，就是蒸馏的损失。

（11）对于馏程不明的试样，实验时要记录下列温度：

① 初馏点。

② 馏出 10%、20%、30%、40%、50%、60%、70%、90%和 97%的温度。

试样在确定近似牌号之后，再按照该牌号的技术标准所规定的各项馏程要求重新进行馏程测定。

（12）大气压对馏出温度影响的修正

① 大气压高于 102. 7kPa（770mmHg）或低于 100. 0kPa（750mmHg）时，馏出温度所受大气压的影响按式（5-5）或式（5-6）计算修正数 C：

$$C=0.0009\times(101.3-p)\times(273+T) \tag{5-5}$$

$$C=0.00012\times(760-p)\times(273+T) \tag{5-6}$$

式中 p——实验时大气压，kPa（或 mmHg）；

T——温度计读数，℃。

此外，也可以利用表 5-2 的馏出温度修正常数 k，按式（5-7）或式（5-8）简捷地算出修正数 C：

$$C=k\times(101.3-p)\times7.5 \tag{5-7}$$

$$C=k\times(760-p) \tag{5-8}$$

馏出温度在大气压 p 时的数据 T 和在 101. 3kPa（760mmHg）时的数据 T_0，存在如式（5-9）或式（5-10）的换算关系：

$$T_0=T+C \tag{5-9}$$

$$T=T_0-C \tag{5-10}$$

② 实际大气压在 100. 0～102. 7kPa（750～770mmHg）范围内，馏出温度不需要进行上述修正，即认为 $T=T_0$。

表 5-2 馏出温度修正常数表

馏出温度/℃	k	馏出温度/℃	k
11～20	0. 035	71～80	0. 042
21～30	0. 036	81～90	0. 043
31～40	0. 037	91～100	0. 044
41～50	0. 038	101～110	0. 045
51～60	0. 039	111～120	0. 047
61～70	0. 041	121～130	0. 048

续表

馏出温度/℃	k	馏出温度/℃	k
131～140	0.049	251～260	0.063
141～150	0.050	261～270	0.065
151～160	0.051	271～280	0.066
161～170	0.053	281～290	0.067
171～180	0.054	291～300	0.068
181～190	0.055	301～310	0.069
191～200	0.056	311～320	0.071
201～210	0.057	321～330	0.072
211～220	0.059	331～340	0.073
221～230	0.060	341～350	0.074
231～240	0.061	351～360	0.075
241～250	0.062		

五、精密度

重复测定两个结果之差不应大于如下数值：

(1) 初馏点是4℃。

(2) 干点和中间馏分是2℃和1mL。

(3) 残留物是0.2mL。

六、报告

试样的馏程用各馏程规定的重复测定结果的算术平均值表示。

七、思考题

(1) 恩氏蒸馏有什么用处？

(2) 本实验测定什么油品的馏程？

(3) 为什么恩氏蒸馏数据是条件实验数据？

(4) 怎样正确安装恩氏蒸馏温度计？

(5) 如何正确读出油品的干点温度？

(6) 为什么要读取大气压计数值？如何正确读取大气压力计数值？

(7) 试比较同种油品的恩氏蒸馏曲线和实沸点蒸馏曲线？

§10-3 石油运动黏度测定[参考 GB 265—1988]

本方法适用于测定液体石油产品(指牛顿液体)的运动黏度，其单位为 m^2/s；通常在实际中使用 mm^2/s。动力黏度可由测得的运动黏度乘以液体的密度求得。

注：本方法所测的液体认为是剪切应力和剪切速率之比，为一常数，也就是黏度与剪切

应力和剪切速率无关，这种液体称为牛顿液体。

一、方法概要

本方法是在某一恒定的温度下，测定一定体积的液体在重力下流过一个标定好的玻璃毛细管黏度计的时间，黏度计的毛细管常数与流动时间的乘积，即为该温度下测定液体的运动黏度，在温度 t 时的运动黏度用符号 ν_t 表示。

二、仪器及材料

1. 仪器

黏度计：毛细管黏度计（图 5-3）一组，毛细管内径为 0.4mm、0.6mm、0.8mm、1.0mm、1.2mm、1.5mm、2.0mm、2.5mm、3.0mm、3.5mm、4.0mm、5.0mm 和 6.0mm。每支黏度计必须按 JJG 155—2016《工作毛细管黏度计检定规程》进行检定并确定常数。测定运动黏度时，应根据实验的温度选用适当的黏度计，务使试样的流动时间不少于 200s，内径 0.4mm 的黏度计流动时间不少于 350s。

恒温浴：带有透明壁或装有观察孔的恒温浴，其高度不小于 180mm，容积不小于 2L，并且设有自动搅拌装置和一种能够准确调节温度的电热装置。在 0℃ 和低于 0℃ 测定运动黏度时，使用筒形开有看窗的透明保温瓶，其尺寸与前述的透明恒温浴相同，并设有搅拌装置。根据测定的条件，要在恒温浴中注入如表 5-3 中列举的一种液体。

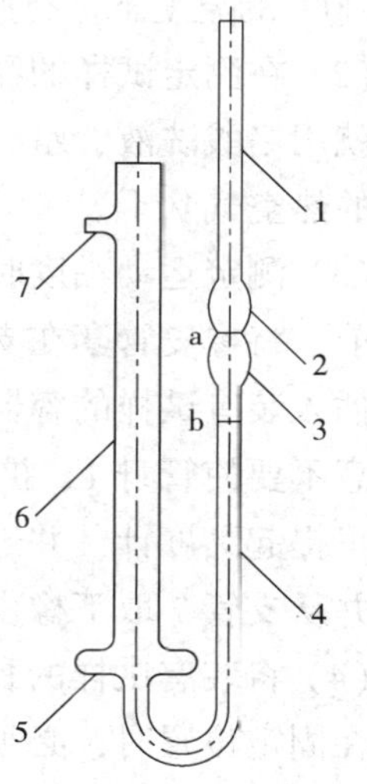

图 5-3　毛细管黏度计

1，6—管身；2，3，5—扩展部分；4—毛细管；a，b—标线；7—支管

表 5-3　在不同温度使用的恒温浴液体

测定的温度/℃	恒温浴液体
50~100	透明矿物油、丙三醇（甘油）或 25%硝酸铵水溶液（该溶液的表面应浮着一层透明的矿物油）
20~50	水
0~20	水与冰的混合物，或乙醇与干冰（固体二氧化碳）的混合物
-50~0	乙醇与干冰的混合物，在无乙醇的情况下，可用无铅汽油代替

注：恒温浴中的矿物油最好加有抗氧化添加剂，延缓氧化，延长使用时间。

玻璃水银温度计：符合 GB/T 514—2005《石油产品试验用玻璃液体温度计技术条件》分格 0.1℃。测定-30℃以下的运动黏度时，可以使用同样分格值的玻璃合金温度计或其他玻璃液体温度计。

秒表：分格 0.1s。用于测定黏度的秒表、毛细管黏度计和温度计都必须定期检定。

2. 材料

溶剂油：符合 GB 1922—2006《油漆及清洗用溶剂油》中 NY-120 要求，以及可溶的适当溶剂。铬酸洗液。

3. 试剂

石油醚：60~90℃，化学纯；95%乙醇，化学纯。

三、准备工作

（1）试样含有水或机械杂质时，在实验前必须脱水处理，用滤纸过滤除去机械杂质。

对于黏度大的润滑油，可以用瓷漏斗，利用水冲泵或真空进行抽滤，也可以在加热至50~100℃的温度下进行脱水过滤。

（2）在测定试样的黏度之前，必须将黏度计用溶剂油或石油醚洗涤，如果黏度计沾有污垢，就用铬酸洗液、水、蒸馏水或95%乙醇依次洗涤。然后放入烘箱中烘干或用通过棉花滤过的热空气吹干。

（3）测定运动黏度时，在内径符合要求且清洁、干燥的毛细管黏度计内装入试样。在装试样前，将橡皮管套在支管7上，并用手指堵住管身6的管口，同时倒置黏度计，然后将管身1插入装有试样的容器中；这时利用橡皮球、水流泵或其他真空泵将液体吸到标线b，同时注意不要使管身1、扩张部分2和3中液体发生气泡和裂隙。当液面达到标线b时，就从容器里提起黏度计，并迅速恢复其正常状态，同时将管身1的管端外壁所沾着的多余试样擦去，并从支管7取下橡皮管套在管身1上。

（4）将装有试样的黏度计浸入事先准备妥当的恒温浴中，并用夹子将黏度计固定在支架上，在固定位置时，必须把毛细管黏度计的扩张部分2浸入一半。

温度计要利用另一夹子来固定，务使水银球的位置接近毛细管中央点的水平面，并使温度计上要测温的刻度位于恒温浴的液面上10mm处。

使用全浸式温度计时，如果它的测温刻度露出恒温浴的液面，就依照下式计算温度计液柱露出部分的补正Δt，才能准确地量出液体的温度：

$$\Delta t = k \times h(t_1 - t_2) \tag{5-11}$$

式中　k——常数，水银温度计采用$k=0.00016$，酒精温度计采用$k=0.001$；

h——露出浴面部分的水银柱或酒精柱高度，用温度计的度数表示；

t_1——测定黏度时的规定温度，℃；

t_2——接近温度计液柱露出部分的空气温度，℃（用另一支温度计测出）。

实验时取t_1减去Δt作为温度计上的温度读数。

四、实验步骤

（1）将黏度计调整成垂直状态，要利用铅垂线从两个相互垂直的方向去检查毛细管的垂直情况。将恒温浴调节到规定的温度，把装好试样的黏度计浸在恒温浴内，恒温如表5-4规定的时间。实验的温度变化必须保持恒定在±0.1℃。

表5-4　黏度计在恒温浴中的恒温时间

实验温度/℃	恒温时间/min	实验温度/℃	恒温时间/min
80，100	20	20	10
40，50	15	-50~0	15

（2）用毛细管黏度计管身1口所套的橡皮管将试样吸入扩张部分3，使试样液面稍高于标线a，并且注意不要让毛细管和扩张部分3的液体产生气泡和裂隙。

（3）此时观察试样在管身中的流动情况，液面正好到达标线a时，开动秒表液面正好流到标线b时，停止秒表。

试样的液面在扩张部分3中流动时，注意恒温浴中正在搅拌的液体要保持恒定温度，而且扩张部分不应出现气泡。

（4）用秒表记录流动时间，应重复测定至少四次，其中各次流动时间算术平均值的差数应符合如下要求：在温度15～100℃测定黏度时，这个差数不应超过平均值的±0.5%；在大于-30℃小于15℃测定黏度时，这个差数不应超过算术平均值的±1.5%；在低于-30℃测定黏度时，这个差数不应超过算术平均值的±2.5%。

然后，取不少于三次的流动时间所得的算术平均值，作为试样的平均流动时间。

五、计算

（1）在温度t时，试样的黏度ν_t(mm^2/s)按式(5-12)计算：

$$\nu_t = C \times \tau_t \tag{5-12}$$

式中　C——黏度计常数，mm^2/s^2；

τ_t——试样的平均流动时间，s。

例：黏度计常数为0.4780mm^2/s^2，试样在50℃时的流动时间为318.0s，322.1s，322.6s和321.0s，因此，流动时间的算术平均值为：

$$\tau_{50} = \frac{318.0+322.1+322.6+321.0}{4} = 321.0\text{s}$$

各次流动时间与平均流动时间的允许误差数为：

$$\frac{321.0 \times 0.5}{100} = 1.6\text{s}$$

因此，318.0与平均流动时间之差超过1.6s，所以这个数据应弃去。计算平均流动时间，只采用322.1s，322.6s和321.0s的观察读数，与算术平均值之差，都没有超过1.6s。

于是平均流动时间为：

$$\tau_{50} = \frac{322.1+322.6+321.0}{3} = 321.9\text{s}$$

试样运动黏度测定结果为：

$$\nu_{50} = C \times \tau_{50} = 0.4780 \times 321.9 = 154.0\text{mm}^2/\text{s}$$

（2）在温度t，试样的动力黏度η_t的计算如下：

① 按GB/T 1884—2000《原油和液体石油产品密度实验室测定法（密度计法）》和GB/T 1885—1998《石油计量表》测定试样在温度t时的密度ρ_t(g/cm^3)。

② 在温度t时，试样的动力黏度η_t(mPa·s)按下式计算：

$$\eta_t = \nu_t \times \rho_t \tag{5-13}$$

式中　ν_t——在温度t时，试样的运动黏度，mm^2/s；

ρ_t——温度t时试样的密度，g/cm^3。

六、精密度

用下述规定来判断实验结果的可靠性(95%置信水平)。

1. 重复性

同一操作者，用同一试样重复测定的两个结果之差，不应超过表 5-5 中相应的数值。

表 5-5　不同测定温度下黏度的重复性要求

测定黏度的温度/℃	重复性/%
15~100	算术平均值的 1.0
<-30~15	算术平均值的 3.0
<-60~-30	算术平均值的 5.0

2. 再现性

由不同操作者，在两个实验室测出的两个结果之差，不应超过表 5-6 中相应的数值。

表 5-6　黏度测定的再现性要求

测定黏度的温度/℃	再现性/%
15~100	算术平均值的 2.2

七、报告

(1) 黏度测定结果的数值，取四位有效数字。

(2) 取重复测定两个结果的算术平均值，作为试样的运动黏度或动力黏度。

八、思考题

(1) 何谓运动黏度?

(2) 黏度计选择的原则是什么？为什么?

(3) 正确测定黏度的关键是什么?

§10-4　石油产品闪点测定(宾斯基-马丁闭口杯法)［参考 GB/T 261—2021］

本实验适用于馏分燃料(包括柴油、生物柴油调和燃料、供热用油和汽轮机燃料)和未使用润滑油等液体的闪点测定，其他液体的闪点测定参考 GB/T 261—2021。

一、方法概要

将试样倒入实验杯中，在规定的速率下连续搅拌，并以恒定速率加热试样。以规定的温度间隔，在中断搅拌的情况下，将火源引入实验杯开口处，使试样蒸气发生瞬间闪火，且蔓延至液体表面的最低温度。此温度为环境大气压下的观察闪点，再用公式修正到标准大气压下的闪点。

二、仪器及试剂

1. 仪器

（1）宾斯基-马丁闭口闪点实验仪，见图 5-4。

（2）温度测量设备：温度计与实验杯盖的装配和固定可依具体情况调整。

注：在某些情况下，使用电子火源点火与火焰火源点火的实验结果会有差异。

在有争议时，除非另有规定，仲裁实验以火焰火源点火的手动实验结果为准。

（3）气压计：精度为 0.5kPa，分辨率为 0.1kPa。

不应使用气象台或机场所用的已预校准至海平面读数的气压计。

注：有些自动仪器包括一个自动测量和记录绝对压力的整体气压计，并能对测得的闪点进行修正。

（4）加热浴或烘箱：用于加热样品，要求能将温度控制在±5℃之内。烘箱应能够通风，且有防止加热样品时产生的可燃蒸气闪火的功能。推荐使用防爆型烘箱。

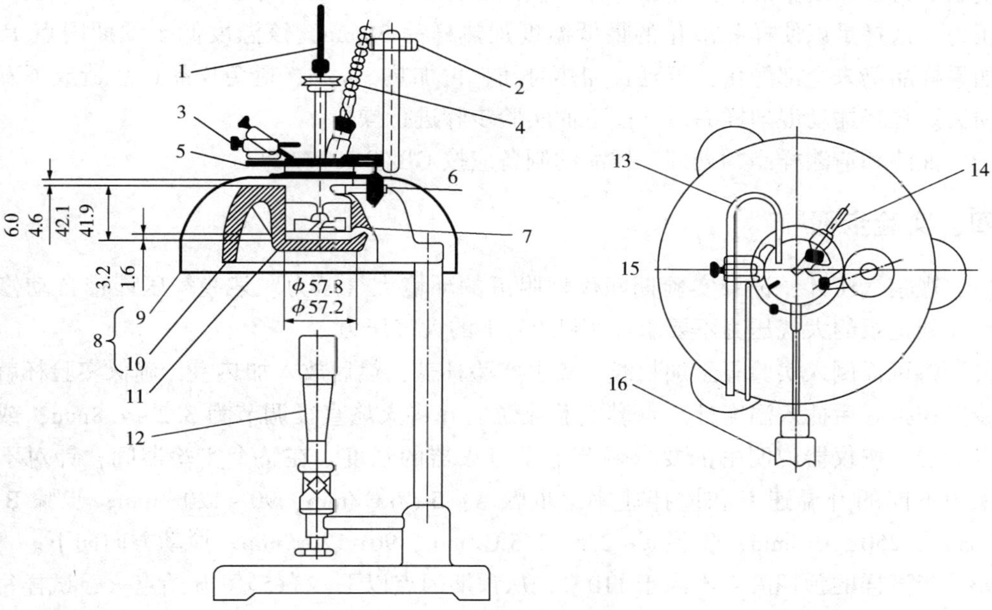

图 5-4　宾斯基-马丁闭口闪点实验仪

1—柔性轴；2—快门操作旋钮；3—点火器；4—温度计；5—盖子；6—片间最大距离 ϕ9.5mm；7—实验杯；8—加热室；9—顶板；10—空气浴；11—杯表面厚度，最小 6.5mm（即杯周围的金属厚度）；12—火焰加热型或电阻元件加热型（图示为火焰加热型）；13—导向器；14—快门；15—表面；16—手柄

2. 试剂

（1）清洗溶剂：用于除去实验杯及实验杯盖上沾有的少量被测样品，依据被测样品及其残渣的黏性来选择。低挥发性芳烃（无苯）溶剂可用于除去油的痕迹，混合溶剂如甲苯-丙酮-甲醇可有效除去胶质类的沉积物。

（2）校准液。

三、准备工作

（1）实验杯的清洗：先用清洗溶剂冲洗实验杯、实验杯盖及其他配件，以除去上次实验留下的所有胶质或残渣痕迹。再用清洁的空气吹干实验杯，确保除去所用溶剂。

（2）石油产品样品的处理

分样：分样在至少低于样品预期闪点18℃下进行。样品可于同一样品容器中采取，重复性实验第二个样品取样时，样品容器中的样品量至少充满至容器容积的50%以上。

注：如果试样体积低于样品容器容积的50%，会对闪点的测定结果产生影响。

含未溶解水的样品：由于水的存在能够影响闪点的测定结果，如果样品中含有未溶解的水，先将水倒出来。某些燃料油和润滑剂中的游离水可能倒不出来，混合前采用物理方法先除去水，如果不能，可依据GB/T 5208中的方法除水。

室温下为液体的样品：取样前先轻轻地摇动混匀样品再取样，尽可能避免挥发性组分的损失，然后按下面实验步骤进行操作。

室温下为固体或半固体的样品：样品在样品容器中加热，稍稍松一点盖子以防止产生过大的压力。选择足以使样品液化的最低温度加热样品30min，该温度低于预期闪点18℃以下。如果样品仍未全部融化，可延长加热时间，再加热30min，避免样品过热造成挥发性组分的损失。轻轻摇动混匀样品后，按下面实验步骤进行操作。

（3）油漆和清漆样品的处理：样品的制备应按GB/T 20777进行。

四、实验步骤

（1）观察气压计，记录实验期间仪器附近的环境大气压力。某些气压计带自动修正功能，但此处记录的大气压力不要求修正到0℃下的大气压力。

（2）将试样倒入实验杯至加料线，盖上实验杯盖，然后放入加热室，确保实验杯就位或锁定装置连接好后插入温度计。点燃实验火源，并将火焰直径调节为3.2~4.8mm；或打开电子点火器，按仪器说明书的要求调节电子点火器的强度。在整个实验期间，针对不同样品，采用不同的升温速率和搅拌速率，步骤A：5~6℃/min，90~120r/min；步骤B：1~1.5℃/min，250±10r/min；步骤C：2.5~3.5℃/min，90~120r/min。搅动方向向下。

（3）当试样的预期闪点不高于110℃，从预期闪点以下(23±5)℃开始点火，试样每升高1℃点火一次，点火时停止搅拌。控制实验杯盖上的滑板操作旋钮或点火器，使火焰在0.5s内下降至实验杯的蒸气空间内，并在下降位置停留1s，然后迅速升高回至原位置。

（4）当试样的预期闪点高于110℃，从预期闪点以下(23±5)℃开始点火，试样每升高2℃点火一次，点火时停止搅拌。控制实验杯盖上的滑板操作旋钮或点火器，使火焰在0.5s内下降至实验杯的蒸气空间内，并在下降位置停留1s，然后迅速升高回至原位置。

（5）当测定未知试样的闪点，在适当起始温度下开始实验。高于起始温度5℃时进行第一次点火，然后按(3)或(4)进行。

（6）记录火源引起实验杯内产生明显闪火的温度，作为试样的观察闪点，但不要把在真实闪点到达之前，出现在实验火焰周围的淡蓝色光轮与真实闪点相混淆。

（7）如果初次点火就得到了观察闪点，应终止实验，舍弃这个结果，重新取样进行实验。应另取一份新的试样在比第一个观察闪点温度低23℃的条件下进行初次点火实验。

(8) 所记录的观察闪点温度与最初点火温度的差值应在18~28℃之内，实验结果才为有效。如没有得到有效的实验结果，更换一份新的试样重新进行实验，调整最初点火温度，直至得到有效的实验结果，即观察闪点与最初点火温度的差值在18~28℃范围之内。

五、大气压力对闪点的修正

用式(5-14)将观察闪点修正到标准大气压(101.3kPa)下的闪点，T_C：

$$T_C = T_0 + 0.25(101.3 - p) \tag{5-14}$$

式中 T_0——环境大气压下的观察闪点,℃；

p——环境大气压，kPa。

注：本公式仅限大气压在98.0~104.7kPa范围之内。

六、精密度

用以下规定来判断结果的可靠性(95%置信水平)。

1. 重复性 r

在同一实验室，由同一操作者使用同一仪器，按照相同的方法，对同一试样连续测定的两个实验结果之差不能超过表5-7~表5-9中的数值。

表5-7 步骤A的重复性

样品类型	闪点范围/℃	重复性 r/℃
油漆和清漆	—	1.5
馏分油和未使用过的润滑油	40~250	0.029^X

注：X为两个连续实验结果的平均值。

表5-8 步骤B的重复性

样品类型	闪点范围/℃	重复性 r/℃
残渣燃料油和稀释沥青	40~110	2.0
用过的润滑油	170~210	5[a]
表面趋于成膜的液体、带悬浮颗粒的液体或高黏稠材料	—	5.0

注：a为在20个实验室对一个用过的柴油发动机油试样测定得到的结果。

表5-9 步骤C的重复性

样品类型	闪点范围/℃	重复性 r/℃
BD100生物柴油	60~190	8.4

2. 再现性 R

在不同的实验室，由不同操作者使用不同仪器，按照相同的方法，对同一试样测定的两个单一、独立的实验结果之差不能超过表5-10~表5-12中的数值。

注：本精密度的再现性不适用于20号航空润滑油。

表 5-10　步骤 A 的再现性

样品类型	闪点范围/℃	再现性 R/℃
油漆和清漆	—	—
馏分油和未使用过的润滑油	40~250	0.071^{X}

注：X 为两个独立实验结果的平均值。

表 5-11　步骤 B 的再现性

样品类型	闪点范围/℃	再现性 R/℃
残渣燃料油和稀释沥青	40~110	6.0
用过的润滑油	170~210	16[a]
表面趋于成膜的液体、带悬浮颗粒的液体或高黏稠材料	—	10.0

注：a 为在 20 个实验室对一个用过的柴油发动机油试样测定得到的结果。

表 5-12　步骤 C 的再现性

样品类型	闪点范围/℃	再现性 R/℃
BD100 生物柴油	60~190	14.7

七、报告

结果报告应注明执行本方法和所用的实验步骤；被测产品的类型和完整的标识；如果有需要，报告试样的预加热温度和预加热时间；点火类型；仪器附近的环境大气压力；实验结果；按协议或其他原因与规定实验步骤存在的任何差异；实验日期。

八、思考题

（1）为什么要测定油品的闭口闪点？油品的闪点一般有哪些实验测定方法？

（2）影响闭口闪点的因素是什么？

（3）测定闭口闪点时，如何控制升温速度？试具体说明。

（4）如何确定油品的闭口闪点值？

§10-5　石油产品闪点与燃点测定法(克利夫兰开口杯法)［参考 GB/T 3536—2008］

本标准规定了用克利夫兰开口杯仪器测定石油产品闪点和燃点的方法。适用于除燃料油（燃料油通常按照 GB/T 261 进行测定）以外的、开口杯闪点高于 79℃的石油产品。

一、方法概要

将试样装入实验杯至规定的刻度线。先迅速升高试样的温度，当接近闪点时再缓慢地以恒定的速率升温。在规定的温度间隔，用一个小的实验火焰扫过实验杯，使实验火焰引起试样液面上部蒸气闪火的最低温度即为闪点。如需测定燃点，应继续进行实验，直到实验火焰引起试样液面的蒸气着火并至少维持燃烧 5s 的最低温度即为燃点。在环境大气压下测得的闪点和燃点用公式修正到标准大气压下的闪点和燃点。

二、仪器及材料

1. 仪器

（1）克利夫兰开口闪点测定器。

（2）温度计：符合 GB 514—2005《石油产品试验用玻璃液体温度计技术条件》中 GB-5 要求。

（3）防护屏：约 460mm×460mm，高 610mm，有一个开口面。

（4）气压计：精度 0.1kPa，不能使用气象台或机场所用的已预校准至海平面读数的气压计。

2. 材料

（1）清洗溶剂：用于除去实验杯沾有的少量试样。

注：清洗溶剂的选择依据试样及其残渣的黏性。低挥发性芳烃（无苯）溶剂可用于除去油的痕迹；混合溶剂如甲苯-丙酮-甲醇可有效除去胶质类的沉积物。

（2）校准液。

（3）钢丝球：能除去碳沉积物而不损害实验杯的钢丝。

三、准备工作

（1）实验杯的清洗：先用清洗溶剂冲洗实验杯，以除去上次实验留下的所有胶质或残渣痕迹。再用清洁的空气吹干实验杯，确保除去所用溶剂。如果实验杯上留有碳的沉积物，可用钢丝球擦掉。

（2）实验杯的准备：使用前将实验杯冷却到至少低于预期闪点 56℃。

（3）仪器的校验：用有证标准样品（CRM）每年至少校验仪器一次。所得结果与 CRM 标定值之差应小于或等于 $R/\sqrt{2}$，其中 R 是本标准的再现性。推荐用工作参比样品（SWS）对仪器进行经常性的校验。校验实验所得的结果不能作为方法的偏差，也不能用于后续闪点测定结果的修正。

（4）样品的制备：含有未溶解水的样品；如果样品含有未溶解的水，在样品混匀前应将水分离出来。

注：水的存在会影响闪点的测定结果。

室温下为液体的样品：取样前应先轻轻地摇动混匀样品，再小心地取样，应尽可能避免挥发性组分损失，然后按下面的实验步骤进行操作。

室温下为固体或半固体的样品：将装有样品的容器放入加热浴或烘箱中，在低于预期闪点 56℃以下加热。要避免加热过度，因为这会导致挥发性组分损失。轻轻混匀样品后按下面的实验步骤进行操作。

四、实验步骤

如果样品容器内样品的体积低于容器容积的 50%，其闪点测定结果会受影响。

1. 闪点

观察气压计，记录实验期间仪器附近环境大气压。

注：虽然某些气压计会自动压力修正，但本标准不要求修正到0℃时大气压。

(1) 将室温或已升过温的试样装入实验杯，使试样的弯月面顶部恰好位于实验杯的装样刻线。如果注入实验杯的试样过多，可用移液管或其他适当的工具取出；如果试样沾到仪器的外边，应倒出试样，清洗后再重新装样。弄破或除去试样表面的气泡或样品泡沫，并确保试样液面处于正确位置。如果在实验最后阶段试样表面仍有泡沫存在，则此结果作废。

(2) 点燃实验火焰，并调节火焰直径为3.2~4.8mm。如果仪器安装了金属比较小球，应与金属比较小球直径相同。

(3) 开始加热时，试样的升温速度为14~17℃/min。当试样温度达到预期闪点前约56℃时减慢加热速度，使试样在达到闪点前的最后(23±5)℃时升温速度为5~6℃/min。实验过程中，应避免在实验杯附近随意走动或呼吸，以防扰动试样蒸气。

(4) 在预期闪点前至少(23±5)℃时，开始用实验火焰扫划，温度每升高2℃扫划一次。用平滑、连续的动作扫划，实验火焰每次通过实验杯所需时间约为1s，实验火焰应在与通过温度计的实验杯的直径成直角的位置上划过实验杯的中心，扫划时以直线或沿着半径至少为150mm的圆来进行。实验火焰的中心必须在实验杯上边缘面上2mm以内的平面上移动。先向一个方向扫划，下次再向相反方向扫划。如果试样表面形成一层膜，应把油膜拨到一边再继续进行实验。

(5) 当在试样液面上的任何一点出现闪火时，立即记录温度计的温度读数，作为观察闪点，但不要把有时在实验火焰周围产生的淡蓝色光环与真正的闪火相混淆。

(6) 如果观察闪点与最初点火温度相差少于18℃，则此结果无效。应更换新试样重新进行测定，调整最初点火温度，直至得到有效结果，即此结果应比最初点火温度高18℃以上。

2. 燃点

按上述闪点实验步骤测定闪点之后，以5~6℃/min的速度继续升温。试样每升高2℃就扫划一次，直到试样着火，并能连续燃烧不少于5s。记录此温度作为试样的观察燃点。如果燃烧超过5s，用带手柄的金属盖或其他阻燃材料做的盖子熄灭火焰。

五、大气压力对观察闪点和燃点的修正

用式(5-15)将观察闪点修正到标准大气压(101.3kPa)下的闪点，T_C：

$$T_C = T_0 + 0.25(101.3 - p) \tag{5-15}$$

式中 T_0——环境大气压下的观察闪点，℃；

p——环境大气压，kPa。

注：本公式仅限大气压在98.0~104.7kPa范围之内。

六、结果

报告修正后的闪点或燃点，以℃为单位，且结果修约至整数。

七、精密度

按下述规定判断实验结果的可靠性(95%的置信水平)。

1. 重复性 r

在同一实验室，由同一操作者使用同一仪器，按相同方法，对同一试样连续测定的两个实验结果之差对于闪点和燃点均不能超过 8℃。

2. 再现性 R

在不同实验室，由不同操作者使用不同的仪器，按相同方法，对同一试样测定的两个单一、独立的结果之差对于闪点不能超过 17℃、对于燃点不能超过 14℃。

八、报告

注明本标准编号；被测产品的类型及相关信息；实验结果。

九、思考题

(1) 测定开口闪点和燃点有什么意义？

(2) 测定开口闪点和闭口闪点的依据是什么？

§10-6　石油产品凝点测定[参考 GB/T 510—2018]

本方法规定了石油产品凝点的测定方法。

本方法适用于液体燃料(如柴油、生物柴油调和燃料)及润滑油等石油产品。本标准中自动微量凝点测定仪仅适用于不含添加剂柴油馏分样品的测定。

一、方法概要

将试样装在规定的试管中，并冷却至预期温度，将试管倾斜至与水平成 45°静置 1min，观察液面是否移动，以液面不移动时的最高温度作为试样的凝点。

二、仪器及试剂

1. 仪器

(1) 手动凝点测定仪

① 试管：圆底、透明玻璃试管，高(160±10) mm，内径(20±1) mm，在距试管底部 30mm 处外壁上有一环形标线，且有能够插温度计的塞子。

② 套管：圆底玻璃套管，高(130±10)mm，内径(40±2)mm，能够将试管垂直固定于套管中间位置。

③ 冷却浴：冷却浴的温度应能控制在规定温度的±1℃之内，盛装冷却剂用的容器或其他合适的装置高度不低于 160mm，容积能满足使用需要。

④ 温度计或温度测量装置：用于试样温度测量的温度计应符合 GB/T 514—2005 中 GB-30、GB-31 或 GB-32 的要求。用于冷却浴温度测量的温度计可根据实际使用温度选择任何类型的温度计。如使用温度测量装置应能够达到本标准规定的测量要求。

⑤ 支架：用于固定试管、套管和温度计。

（2）自动微量凝点测定仪(仅适用于不含添加剂的柴油馏分样品)

① 进样系统：手动进样或者自动进样，可将一定量的试样加入检测室。

② 制冷系统：为检测室提供冷源，温控精度为±0.10℃。

③ 检测室：由保温层、温度传感器、检测室等部分组成，温度测量精度为0.1℃。

④ 微电脑：显示、控制实验过程，对实验结果进行判断和处理。

2. 试剂

无水乙醇，化学纯；无水硫酸钠，化学纯；无水氯化钙，化学纯。

三、准备工作

1. 样品准备

（1）实验开始前应先摇匀试样，无水试样可直接开始实验，含水试样需要进行脱水。但在产品质量验收或仲裁实验时，只要试样的水分含量在产品标准允许的范围之内，可直接开始实验。

（2）可按照(3)或(4)的要求对试样进行脱水，但对于含水较多的试样应先静置，再取其澄清部分来进行脱水。

（3）对于容易流动的试样，脱水处理是在试样中加入新煅烧的粉状无水硫酸钠或小粒状无水氯化钙，然后振荡混合试样10~15min，静置后用干燥的滤纸过滤，取过滤后的澄清部分进行实验。

（4）对于黏稠的试样，脱水处理是将试样预热到不高于50℃，再经食盐层过滤。食盐层的制备要求如下，即先在漏斗中放入金属网或少许脱脂棉，然后再铺上新煅烧的粗食盐结晶。试样含水多时可能需要经过2~3个漏斗的食盐层过滤。

2. 手动凝点测定仪的准备

（1）制备含有干冰的冷却浴时，可在一个装冷却剂的容器中加入无水乙醇，注液到容器内部深度的2/3处。然后将细块干冰放进搅拌着的无水乙醇中，再根据要求的温度下降程度，逐渐增加干冰的用量。每次加入干冰时，应注意搅拌，不使无水乙醇外溅或溢出。应在冷却剂不再剧烈冒出气体之后，再添加无水乙醇到达需要的高度。如使用其他制冷剂或材料应注意相关的安全事项。使用压缩机制冷装置应先将冷却剂注入至冷却浴的合适位置。

（2）在干燥、清洁的试管中注入试样至环形标线处。用塞子将温度计固定在试管中央，使温度计感温泡底部距离试管底部8~10mm。

（3）将装有试样和温度计的试管，垂直地浸入(50±1)℃的水浴中加热，至试样的温度达到(50±1)℃为止。

3. 自动微量测定仪的准备

按照自动微量凝点测定仪说明书的要求进行仪器准备。

四、实验步骤

1. 手动仪器

（1）当试样温度达到(50±1)℃时，从水浴中取出装有试样和温度计的试管，擦干试管外壁将试管牢固地装入套管中，应保证试管外壁与套管内壁各点距离相等。

（2）将套管和试管组件垂直固定在支架上，并放在室温下静置，直至试样冷却至(35±5)℃，然后将此组件浸入准备好的冷却浴中。冷却浴的温度应比试样的预期凝点低7~8℃。套管和试管组件浸入冷却剂的深度应不少于70mm。

（3）当试样温度冷却到预期的凝点时，将浸在冷却浴中的套管和试管组件倾斜，倾斜至与水平成45°，并保持1min，此时要求其中的试样仍要浸没在冷却剂内。

（4）从冷却浴中小心取出套管和试管组件，迅速用无水乙醇擦拭套管外壁，垂直放置，并透过套管观察试管里面的液面是否有移动的迹象。

注：实验温度低于-20℃时，重新测定前将装有试样和温度计的试管放在室温中，待试样温度升到-20℃，再将试管浸在水浴中加热。

（5）当试样液面的位置没有移动时，从套管中取出试管，并将试管重新预热至试样达到(50±1)℃。然后用比上次实验温度高4℃或其他更高的温度重新进行测定，直至某实验温度能使试样液面有移动为止。

（6）找出凝点的温度范围(即液面位置从移动到不移动或从不移动到移动的温度范围)之后，选择比试样能够移动的温度低2℃，或比试样不能移动的温度高2℃，重新进行实验。如此重复实验，直至确定某实验温度能使试样液面停止移动而升高2℃试样液面又能够移动时，取试样液面不移动的温度，作为试样的凝点。

（7）如果需要检查试样的凝点是否符合规格值，应在比规格值高1℃下进行实验，此时若试样液面能够移动，则认为试样的凝点符合规格值。

2. 自动微量仪器(仅适用于不含添加剂的柴油馏分样品)

（1）用手动进样或自动进样的方式，取一定量的试样，按照自动微量凝点仪的说明书选择合适实验程序开始实验。重复实验时应更换新的试样。

（2）按照自动微量凝点测定仪上的显示结果，记录或打印最终实验结果，作为试样的凝点。

注：进样前先用空气将上次实验的残留试样全部吹出，再用待测试样清洗进样管，然后开始进样。要确保进样管被试样全部充满且没有气泡(气泡的存在会影响实验结果的稳定性)。不建议使用任何有机溶剂清洗进样管。

五、精密度

1. 手动凝点测定仪的精密度

按照下述规定判断实验结果的可靠性(95%置信水平)。

（1）重复性 r

同一操作者，在同一实验室，使用同一仪器，按照相同的方法，对同一试样进行连续测定得到的两个实验结果之差不应超过2℃。

（2）再现性 R

不同操作者，在不同实验室，使用不同的仪器，按照相同的方法，对同一试样分别进行测定得到的两个单一、独立实验结果之差不应超过4℃。

2. 自动微量凝点测定仪的精密度(仅适用于不含添加剂的柴油馏分样品)

自动微量凝点测定仪精密度统计实验是在六家实验室开展的，共采用了8个不含添加剂的柴油馏分样品，样品凝点范围为-20.7~3.8℃，并根据GB/T 6683的相关规定进行统计计算后得出。按照下述规定判断实验结果的可靠性(95%置信水平)。

(1) 重复性 r

同一操作者，在同一实验室，使用同一仪器，按照相同的方法，对同一试样进行连续测定得到的两个实验结果之差不应超过1.0℃。

(2) 再现性 R

不同操作者，在不同实验室，使用不同的仪器，按照相同的方法，对同一试样分别进行测定得到的两个单一、独立实验结果之差不应超过2.4℃。

六、报告

(1) 取重复测定两个实验结果的算术平均值作为试样的凝点。

(2) 手动凝点测定仪应按照实验步骤中手动仪器(7)的要求报告试样的凝点，结果精确至1℃。

(3) 自动微量凝点测定仪应按照实验步骤中自动微量仪器(2)的要求报告试样的凝点，结果精确至0.1℃。

(4) 如有争议，仲裁实验以手动仪器的凝点实验结果为准。

七、思考题

(1) 何为油品的凝点？

(2) 为何测定凝点前需对油品进行预热？

(3) 如何确定油品的凝点？

§10-7 石油产品残炭测定法(电炉法)[参考SH/T 0170—2000]

本方法适用于润滑油、重质液体燃料或其他石油产品。

一、方法概要

在规定的实验条件下，用电炉来加热、蒸发润滑油、重质液体燃料或其他石油产品的试样，并测定燃烧后形成的焦黑色残留物(残炭)的含量。

二、仪器及材料

1. 仪器

(1) 电炉法残炭测定仪：见图5-5，包括加热设备和配电设备两部分。

(2) 高温炉。

(3) 干燥器。

(4) 坩埚盖：尺寸见图5-6。

(5) 瓷坩埚：尺寸见图5-7。

2. 材料

细砂：要预先充分灼烧。在残炭测定仪中，每个装坩埚的空穴底部装入细砂 5~6mL。

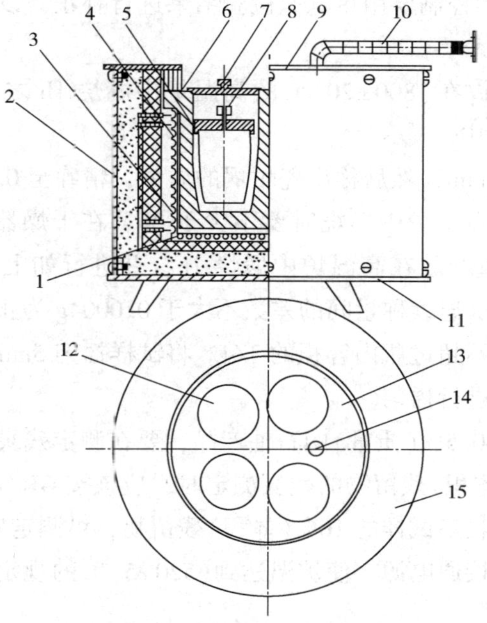

图 5-5 电炉法残炭测定仪

1—电热丝(300W)；2—壳体；3—电热丝(600W)；4—电热丝(1000W)；5—瓷坩埚；

6，13—钢浴；7—钢浴盖；8—坩埚盖；9，15—加热炉盖；10—热电偶；11—加热炉底；12—空穴；14—热电偶插孔

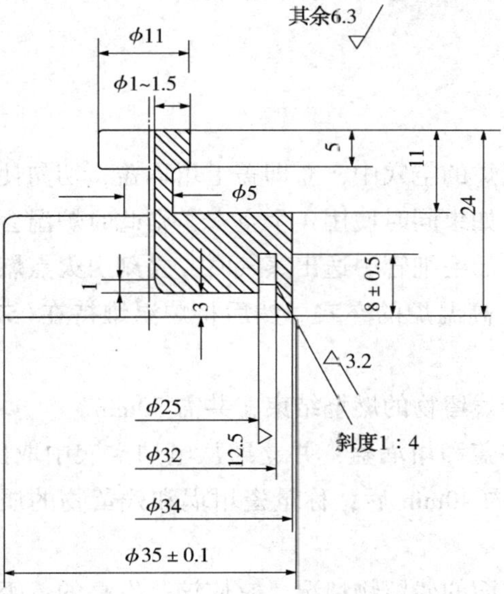

图 5-6 坩埚盖

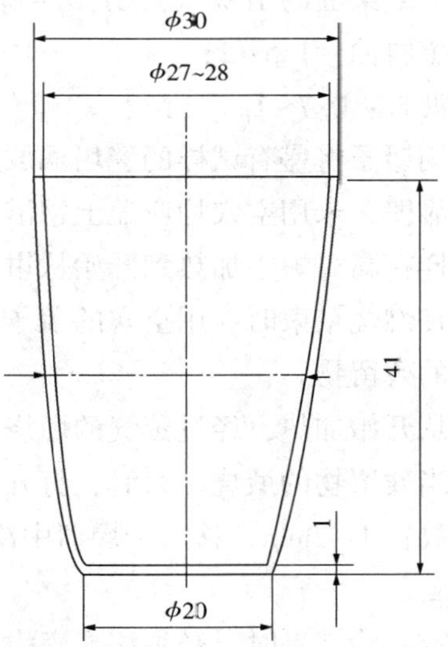

图 5-7 瓷坩埚

三、准备工作

(1) 仪器安装。将仪器的电加热炉和温度测量控制系统按照仪器说明书安装、调整好。

其中，热电偶要经过校正，并用相应的补偿导线引出冷端，再用普通导线连接冷端和温度指示调节仪表；冷端要插入盛有变压器油的玻璃管内，并放进盛有冰水的保温瓶里，以保障冷端恒温于0℃；温度测量和控制要用热电偶检验结果进行补正，以确保准确地测量、控制电炉温度。

（2）将清洁的瓷坩埚放在(800±20)℃的高温炉中燃烧1h之后取出，先在空气中放置1~2min，然后移入干燥器中。

在干燥器中冷却约40min，然后称出瓷坩埚的质量，精确至0.0002g。

新的瓷坩埚第一次在高温炉中燃烧时要不少于2h，在干燥器中冷却约40min，然后称量，精确至0.0002g。再重新放在高温炉中煅烧1h，并进行如上的准确称量；如此重复燃烧、冷却和称量，直至两次连续称量间的差数不大于0.0004g为止。

（3）瓶中的试样，要不超过瓶内容积的3/4。将试样摇匀5min。黏稠和含蜡的石油产品要预先加热到50~60℃再进行摇匀。

（4）对于水含量大于0.5%(质量)的石油产品，要在测定残炭前进行脱水。

（5）进行柴油10%(体积)残留物的残炭测定时，应该按GB/T 255或GB/T 6536将试样进行不少于两次的蒸馏。收集试样的10%(体积)残留物，供测定残炭用。

（6）在测定残炭前，接通电源，使炉温达到(520±5)℃的规定范围。利用电子自动温度控制器控制炉温。

四、实验步骤

（1）在预先称量过的瓷坩埚中称取一份如下数量的试样，精确至0.01g。

润滑油或柴油的10%残留物：7~8g

重质燃料油：1.5~2g

渣油沥青：0.7~1g

（2）用镊子将盛有试样的瓷坩埚放入电炉的空穴中，立即盖上坩埚盖，切勿使瓷坩埚及盖偏斜、靠壁。未用空穴均应盖上钢浴盖。如果同时使用4个空穴，则此时炉温会有下降。

当试样在高温炉中加热到开始从坩埚盖的毛细管中逸出蒸气时，立刻引火点燃蒸气，使它燃烧。在燃烧结束时，用空穴的盖子盖上高温炉的空穴。然后将炉温维持在(520±5)℃，煅烧试样的残留物。

试样从开始加热，经过蒸气的燃烧，到残留物的燃烧结束，共需30min。

（3）当残留物的煅烧结束时，打开钢浴盖和坩埚盖，并立即从电炉空穴中取出瓷坩埚，在空气中放置1~2min，移入干燥器中冷却约40min后，称量瓷坩埚和残留物的质量，精确至0.0002g。

在确定实验结果时，必须注意瓷坩埚里面的残留物情况，它应该是发亮的；否则，重新进行测定。如果在第二次分析时仍获得同样的残留物，测定才认为正确。

五、计算

试样残炭的质量分数(X)按式(5-16)计算：

$$X = m_1 / m \tag{5-16}$$

式中 m_1——残留物(残炭)的质量，g；

m——试样的质量，g。

残炭的计算结果精确到0.1%(质量)。

六、精密度

重复性：同一操作者重复测定的两个结果之差不应大于下列数值：

残炭/%(质量)	重复性/%(质量)
柴油的10%残留物	较小结果的15%
润滑油	较小结果的10%
重质燃料油及渣油沥青	较小结果的5%

取重复测定的两个结果的算术平均值作为试样的残炭值。

七、思考题

(1) 测定残炭有什么意义？

(2) 残炭值的高低由什么因素决定？

§10-8 轻质烃及发动机燃料和其他油品中总硫含量的测定 紫外荧光法 [参考GB/T 34100—2017]

本标准规定了采用紫外荧光法测定轻质烃及发动机燃料和其他油品中总硫含量的方法。

本标准适用于测定沸点范围在-100~25℃，室温下运动黏度在0.2~20mm²/s之间液体烃中总硫含量，包扎石脑铂、馏分油，发动机油、乙醇，脂肪酸甲酯(FAME)及发动机燃料，如汽油、含氧汽油(乙醇调和油、E-85、M-85)，柴油、生物柴油、生物柴油调和燃料和喷气燃料。总硫含量测定范围在1.0~8000mg/kg之间。

本标准适用于测定卤素含量不大于100mg/kg液体烃中总硫含量。

注：若硫含量较低，而氮含量较高时，氮含量对硫含量测定结果有影响。

一、方法概要

可使用注射器将试样直接注射到高温燃烧管中；也可以将试棒注射到稀品舟中，再将舟拖入高温燃烧管中。在高温、富氧条件下，试样中的硫氧化生成二氧化硫(SO_2)，试样燃烧后生成的气体先通过除水装置脱除气体中的水，然后经紫外(UV)灯照射，二氧化硫(SO_2)吸收紫外光的能量，转化为激发态的二氧化硫。二氧化硫(SO_2)从激发态返回到基态时所发射出的荧光，被光电倍增管检测，由所得信号值计算出试样的硫含量。

警告：暴露在过量的紫外光下对身体有害。操作者应避免人体任何部位暴露在紫外灯及次级或散射的辐射光下，特别是眼睛。

二、仪器设备

采用泰州市中环分析仪器有限公司生产的紫外荧光定硫仪进行测试。主要包括：

（1）燃烧炉：用电加热炉控制温度（1075℃±23℃）。设备度应确保全部试样热装解，且将试样中的硫氧化为二氧化硫。

（2）燃烧管：石英材质，可使用注射器直接进样方式和舟进样方式两种结构的石英管。注射器直接进样方式是用注射器直接将试样注射到高温氧化区：舟进样方式是将试样注入进样舟内，再用进样器将其送至进样管的末端，燃烧管侧壁应有氧气和蒸气入口管，燃烧管的氧化区要足够大，以确保试样完全氧化燃烧。也可使用精密度能达到方法要求的其他结构石英管。

（3）流量控制器：为保证氧气和酸气流速稳定，进气应安装气体流量控制器。

（4）干燥管：试样氧化燃烧生成气中含有水蒸气，在进入检测器前除去，可采用膜式干燥管或渗透式干燥管。

（5）紫外荧光（UV）检测器：定性、定量的检测器。测量被紫外灯照射后形成的激发态二氧化硫回到基态时所发射的荧光信号。

（6）可选用10μL、25μL，50μL，100μL的注射器。注射器针头长50mm±5mm。

（7）进样系统：有下列两种进样系统可供选择。

① 注射器直接进样系统：用进样器将注射器中的试样以约1μL/s的恒定速度注射到石英管的载气流中，汽化后的试样随载气进入氧化区。进样器的速度是可控制和可重复的。

② 舟进样系统；过程舟和燃烧管均为石英材质。进程管插入燃烧管内，连接处密闭不漏气，并Ⅱ进样管的前端有载气入口。进样器能将进样舟完全推入炉子入口最热的区域，也可以将其从燃烧管中拉出。从高温区拉出的进样舟退至进样口处，此处有冷却装置，可使进样舟完全冷却，进样舟完全冷却后可以进行下一次样品的测定，进样器的速度是可控制和可重复的。

三、试剂及材料

（1）试剂的纯度：实验过程中所使用的试剂均为分析纯，在不降低测定结果精度的前提下，可使用其他纯度的试剂。

（2）载气：氩气或氦气，高纯，纯度≥99.998%，水含量≤5mg/kg。

（3）氧气：高纯、纯度≥99.75%，水含量≤5mg/kg，可用分子筛干燥。

警告：样品能充分燃烧，且测量精密度没有降低情况下也可以选择使用其他种类的气体，如空气。

（4）溶剂：甲苯，二甲苯，异辛烷-或与待测样品组分相似的其他溶剂，用于配制标准溶液和稀释试样。如果溶剂硫含量远远低于试样的硫含量，则不需要对其进行空白校正，否则，需要进行空白校正。

警告：易燃。

（5）二苯并噻吩：相对分子质量184.25，硫质量分数为17.40%。

（6）正丁基硫醚：相对分子质量146.29，硫质量分数为21.92%。

（7）苯并噻吩：相对分子质量134.20，硫质量分数为23.50%。

注：对试剂纯度进行校正。

（8）石英毛。

(9) 硫标准溶液(母液)：硫质量浓度1000mg/L：准确称取约0.5748g二苯并噻吩(或0.4562g正丁基硫醚或0.4184g苯并噻吩)至100mL容量瓶中，再用所选溶剂稀释至刻度线。母液可进一步稀释至测定所需的各个浓度。

注1：可根据母液使用频率和有效期，定期重新配制。一般情况下，母液有效期为3个月。

注2：选用与待测样品组分相近或相匹配的标准溶液能减少注射器直接进样系统和舟进样系统之间测定结果的偏差。

注3：如果校准用标准溶液采用质量比的方式进行配制和稀释，则计算测定结果时需考虑单位转换问题。

注4：可购买市售的标准物质。

(10) 质量控制(QC)样品：稳定的、具有代表性的石油样品，用于验证整个实验过程的准确性。

四、仪器准备

(1) 按照仪器厂家提供的说明书安装仪器，并进行漏气检查。

(2) 根据进样方式，按仪器厂家提供的操作参数调节仪器。

(3) 按照仪器厂家的要求，调节仪器的灵敏度和基线稳定性，并进行仪器的空白校正。

(4) 典型的操作条件如下：注射器直接进样速度：1μL/s；舟进样速度：140~160mm/min；炉温：(1075±25)℃；氧气流量：450~1000mL/min；入口氧气流量：10~30mL/min；入口载气流量：130~160mL/min。

五、标准曲线的绘制

根据待测样品的浓度，选择推荐的校准曲线范围和标准溶液浓度。建立校准曲线用的标准溶液包含了待测试样的浓度。在精密度能达到方法要求的前提下，也可用比给出的曲线范围更窄的浓度范围建立校准曲线。而且，每条曲线的标准溶液浓度和数量也是可以改变的。

六、标准曲线的校正方法

和做样品一样，把标样当样品来做，看是否在标准范围内，如不在需要校准。

校正曲线步骤：点击“样品测量”→在标准校正下方输入体积，浓度，点击“校正检测”，连续进3针标样，重复性好，点击左边空白，点击“确定”，然后点击“样品新建”，反标2~3针，在标准范围内就可以做样品。

七、A2070N样品测量步骤

(1) 打开温度流量控制器电源，打开主机电源，打开进样器电源，打开气路。

(2) 打开电脑电源，打开A2070S软件，建立连接(com1)，点最大化图标，选择所需的标准曲线→系统设置→参数载入，打开硫高压开关、紫外灯开关，硫增益选择10，待故障指示灯变绿，紫外灯稳定15~20min后方可做样，点击样品检测，样品新建，输入样品名称，点击样品确认，输入样品体积，放入样品，点击样品检测（图标），开始进样。如果需换样品，则点击样品新建，重新分组。

每个试样重复测定三次，并计算出算术平均值。

（3）关机：关闭温度控制器温度开关，点击系统设置，关闭硫高压开关、紫外灯开关。关闭气源，点击断开连接，关闭进样器开关，等 20min 后（温控温度降下来），关闭 A2070C 主机电源，关闭电脑，最后关闭温度控制器风扇开关。

注意事项：

（1）注意流量要求范围，钢瓶分压表头氩气不大于 0.4MPa，氧气不大于 0.4MPa。

（2）进样器速度一般在 24μL/s，根据具体情况而定。

（3）石英管出口处是否发黑，否则石英管进入高温区燃烧。

（4）石英管接头是否发黑，否则放入高温炉烧或者用酒精清洗。

（5）仪器最好每月开机一次，使系统正常运行。

（6）硅胶垫漏气要更换，否则重复性不好。

（7）注意样品进样量和标准曲线一致。

八、结果

（1）使用标准曲线进行校正的仪器，试样硫含量 X（mg/kg）按式（5-17）或者式（5-18）计算。

$$X=\frac{(I)\times 1000}{S\times M\times K_g} \tag{5-17}$$

$$X=\frac{(1-Y)\times 1000}{S\times V\times K_V} \tag{5-18}$$

式中 I——试样平均积分响应值；

K_g——质量稀释系数，即试样质量与试样加溶剂总质量的比值，g/g；

K_V——体积稀释系数，即试样质量与试样加溶剂总体积的比值，g/mL；

M——注射试样的质量，质量法或通过进样体积和密度计算得出，$V\times D$，mg；

D——试样的密度 g/mL（未稀释试样），或溶液浓度，g/mL（体积稀释法）；

S——标准曲线斜率，响应值/（μgS）；

V——进样体积，体积法或通过质量和密度计算得到，M/D，μL；

Y——空白溶液的平均积分响应值；

1000——转换因子，由 μg/mL 转化为 μg/g 时的系数。

（2）具有自动校正功能的仪器，试样中硫含量 X（mg/kg）计算公式如下。

$$X=\frac{G\times 1000}{M\times K_g} \tag{5-19}$$

$$X=\frac{G\times 1000}{V\times D} \tag{5-20}$$

式中 G——试样中的硫的质量，μg；

九、精密度和偏差

（1）按下述规定判断实验结果的可靠性(95%置信水平)。

（2）重复性 r：同一操作者，在同一实验室，使用同一仪器，对同一试样进行测定所得两个重复测定结果之间的差值，不应超过式(5-21)和式(5-22)所得数值。

$$小于 400mg/kg：r=0.1788X^{0.75} \tag{5-21}$$

$$大于 400mg/kg：r=0.02902X \tag{5-22}$$

式中　X——两次实验测定结果的平均值。

（3）再现性 R：不同操作者，在不同实验室，使用不同仪器，对同一试样进行测定，所得两个单一和独立的结果之差，不应超过式(5-23)和式(5-24)所得数值。

$$小于 400mg/kg：R=0.5797X^{0.75} \tag{5-23}$$

$$大于 400mg/kg：R=0.1267X \tag{5-24}$$

式中　X——两次实验测定结果的平均值。

（4）试样硫含量低于 400mg/kg，按上述精密度估算实例见表 5-13。

表 5-13　重复性 r 和再现性 R

硫含量/(mg/kg)	r	R
1	0.2	0.6
5	0.6	1.9
10	1.0	3.3
50	3.4	10.9
100	5.7	18.3
400	16.0	51.9

（5）偏差：本方法的偏差是通过对已知硫含量的烃类标准物质(SRMs)进行研究得到的。对标准参考物质进行分析所得测试结果在本标准的重复性范围内。

十、报告

测定结果大于或等于 10mg/kg 时，报告结果保留至 1mg/kg；测定结果小于 10mg/kg 时，报告结果保留至 0.1mg/kg。

十一、思考题

（1）石油产品测试其中的硫含量有何意义？

（2）用于待测样品的稀释剂有何要求？

实验 11　润滑油馏分的溶剂精制

一、实验目的

（1）了解溶剂精制的原理和效果。

（2）了解一般油品精制实验方法。

二、实验原理

从原油、常减压蒸馏装置得到的各种馏分油一般都不能直接作为润滑油料的基础油，馏分油作为润滑油料的性质优劣主要由其化学组成所决定。通过适当的加工方法来改变馏分油化学组成，使它的性质能满足所规定的要求，这是润滑油加工的主要途径。在这些加工方法中，有些能去除多环芳香烃、胶质等黏温特性和抗氧安定性很差的不理想组分，这些加工方法统称为"精制"。馏分润滑油的精制主要有酸碱精制、溶剂精制、加氢精制、吸附精制等几类，其中溶剂精制的应用最广。

溶剂精制方法主要是一种液液萃取的过程。在相平衡中，由于馏分油中多环短侧链的芳烃和胶质能较多地分配于溶剂相中，因而经过萃取之后的馏分油中含有这些不理想组分的量就显著减少，其性质就得到改善。目前溶剂精制中常用的溶剂有糠醛、酚、*N*-甲基吡咯烷酮等几种。具体选择什么溶剂，采用什么条件，根据各种客观条件和经济上的比较决定。而在这些作为决定依据的基本数据中，完整的工艺实验数据又是关键的部分。溶剂精制的工艺实验可以在简单的分液漏斗中用一次平衡萃取方式进行，也可以在模拟萃取塔中按工艺的操作条件和方式进行。前者的结果主要反映溶剂的选择性溶解能力，而后者的结果则同时包括了萃取塔和萃取操作各方面的影响。目前在一般的工艺实验中，以前者居多。即便是在萃取塔的结构和操作等影响因素的研究中，亦以多级的一次萃取平衡数据作为评定萃取理论级数的依据。因此，在本实验中，我们亦采用简单的在分液漏斗中一次平衡萃取的方法。

由于馏分油的组成复杂，所以萃取的平衡关系及萃取的效果不能用简单的用三元相图来反映。为此，在一般的工艺条件中都是采用比较原料油和精制油的性质来反映。在润滑油精制中较多地使用黏度指数和残炭等性质指标，本实验为了从油品化学组成的变化上反映问题，所以采用了 n-d-ν 的结构族组成分析。

三、实验装置及试剂

（1）测运动黏度用仪器和药品；

（2）测密度（比重瓶法）用仪器和药品；

（3）测折光率用仪器和药品：阿贝折光仪（WPS 1 型）；滴管、拭镜纸、石油醚（化学纯）。

（4）溶剂萃取用仪器和药品：

分液漏斗（连称量用支架）：250mL	药物天平：200g，500g
量筒：50mL，100mL	烧杯：400mL
锥形瓶：100mL	*N*-甲基吡咯烷酮：含量不低于 99%
蒸馏水	温度计：0~100℃

四、实验步骤及方法

（1）准备好一个有合适塞子和旋塞的干燥分液漏斗。在药物天平上称重得该分液漏斗的质量 G_0。用 50mL 量筒取 50mL 原料油注入已称重的分液漏斗中，再称量分液漏斗和所加原料油的总质量 G_1。计算出按溶剂比（1 份原料油加 2 份溶剂，质量比）所计算需加入的溶剂体积，然后用另一量筒准确量取溶剂倒入上述分液漏斗中。将分液漏斗持续振荡10min，使油和溶剂两相能充分接触，注意记录当时的室温。然后静置到两相分界清晰后，放出下层萃取液，分液漏斗中加入预热至40~50℃的蒸馏水50mL，然后依上法摇动、振荡5min，再静置分层后，放出下层水。这样反复用水洗涤3~4次后，再称分液漏斗和精制油的总质量 G_2。将分液漏斗中的油放入干燥、清洁的锥形瓶中，再往锥形瓶中加入少许无水氯化钙，摇动片刻后，放置几分钟，倾倒出上层澄清的油品于另一锥形瓶中，作为经萃取水洗、干燥的精制油分析样品。

（2）观察原料油和精制油在色度上的差别，分别测定它们的折光率、相对密度和运动黏度。

（3）将含溶剂的废水通过活性炭柱过滤后倒入水槽。

（4）注意事项和说明：

① 溶剂都有一定的毒性，在操作时应防止溅洒和挥发，分出的萃取液和洗涤水分别放入规定的瓶子中，尽量减少对环境的污染。

② 称量时应称准至0.1g。

③ 如要求进行多次萃取时，则在水洗前重复进行加溶剂和萃取的操作。

五、实验数据整理

1. 原始数据记录(表5-14、表5-15)

表5-14 萃取前实验数据记录

实验编号	实验日期	室温/℃	原料油名称	溶剂名称	空漏斗重 G_0/g	漏斗+原料油重 G_1/g	加溶剂体积/mL	萃取温度/℃	漏斗+精制油重 G_2/g
1									
2									
3									

表5-15 萃取后实验数据记录

实验编号	实验日期	精制条件				原料油重量/g	精制油重量/g	精制油收率/%(质量)	备注
		溶剂名称	萃取温度/℃	溶剂比（质量）	萃取次数				
1									
2									
3									

2. 实验数据处理

（1）n-d-ν 方法结构族组成的计算

计算结构组成的方法很多，其中以Waterman发表的 n-d-M 方法和 n-d-ν 方法较为常用。在高沸点馏分中，由于黏度 ν 的测定比分子量 M 的测定要方便，所以在这种场合下，n-d-ν 的应用就比较普遍。

所测定原料油和精制油的性质：常温 t 下的相对密度 ρ_t、38℃下的运动黏度、常温 t 下的折光率 n_D^t。除了完成精制油收率计算外，记录室温即常温，然后计算润滑油的结构参数。

① 密度的换算：

a. 将常温下的 ρ_t 转换成 ρ_{20}，即 d_4^{20}，查阅《石油密度换算表》可得。

b. 将 d_4^{20} 换算成 $d_{15.6}^{15.6}$：查阅《石油炼制设计数据图表集》(上册)得 Δd，计算 $d_{15.6}^{15.6}$：

$$d_{15.6}^{15.6}=d_4^{20}+\Delta d$$

② n_D^t 换算成 n_D^{20}：$n_D^{20}=n_D^t-0.0004\times(20-t)$。

③ 由运动黏度、密度计算润滑油的分子量。

由 ν_{38}、$d_{15.6}^{15.6}$ 查阅《石油化工工艺计算图表》得到润滑油的特性因素 K；再由 $d_{15.6}^{15.6}$、K 查阅《石油化工工艺计算图表》得到分子量 M。

④ 用 n-d-M 法(n_D^{20}、d_4^{20}、M)，计算结构参数。

由《石油炼制工程》(上册)中的 n-d-M 法计算公式，得到相应的结构参数 C_A、C_R、R_A、R_T，并计算出 $\%C_N=\%C_R-\%C_A$；$\%C_P=100\%-\%C_R$；$R_N=R_T-R_A$。

(2) 润滑油结构族组成计算结果(表 5-16)

表 5-16　馏分润滑油结构族组成结果

油样名称	n_D^{20}	d_4^{20}	ν_{38}	n-d-ν						备注
				C_A	C_N	C_P	R_A	R_N	R_T	
×原料油										
×原料油										
×原料油										

六、思考题

(1) 石油产品的组成分析方法有哪些？本实验对原料油和精制油的组成分析依据什么原理？

(2) 经过抽提，溶剂的组成有什么改变？油品相对密度、折光率、黏度将会有什么变化？为什么？

(3) 试叙述三元系统的萃取过程及原理，比较本实验与三元系统萃取过程的异同点。

(4) 请演示三级萃取的实验过程。

(5) 根据抽提前后的结果，列出计算通式。

七、主要符号说明

n_D^{20}—20℃时的折光率；

d_4^{20}—20℃时的密度，g/cm^3；

ν_t—t 温度时的运动黏度，mm^2/s；

C_A—芳香环的百分数；

C_N—环烷烃的百分数；

C_P—烷基侧链上碳原子的百分数；

R_A—芳香环的环数；

R_N—环烷环的环数；

R_T—总环的环数；

M—分子量。

实验12　固定流化床重油催化裂化反应

一、实验目的

(1) 了解催化裂化工艺的基本原理和流程。

(2) 掌握催化剂流化床催化裂化装置的操作方法。

(3) 学习催化裂化反应产物的分析方法，并理解各产物分布的影响因素。

(4) 加深对催化裂化过程中催化剂选择性和再生技术的理解。

二、实验原理

催化裂化是一种在催化剂存在下，通过热作用使重质油(如减压馏分油或掺入少量渣油)发生裂化反应，生成裂化气、汽油、柴油等轻质产品的过程。这一过程中，原料油在催化剂的作用下，发生一系列复杂的化学反应，主要包括分解反应、异构化反应、氢转移反应、芳构化反应以及缩合反应等。这些反应使得重质烃类分解成较小的烃类分子，同时改变烃类的结构，提高产品的辛烷值和安定性。催化剂在催化裂化过程中起着至关重要的作用。它不仅能够加速反应速率，提高产品产率和选择性，还能够通过改变反应路径来优化产品分布。然而，催化剂在反应过程中会逐渐积炭失活，导致催化活性下降。因此，需要通过再生处理来恢复催化剂的活性。再生过程中，通常使用空气或燃油将催化剂表面的焦炭烧去，使其恢复原有的催化性能。催化剂流化床催化裂化评价实验的实验原理主要基于催化裂化的基本原理和流化床反应器的特点。实验旨在通过模拟工业催化裂化过程，来评价催化剂在流化床反应器中的催化性能、选择性和产物收率。实验过程中，原料油与高温催化剂在流化床反应器内混合并发生反应，生成的产品通过分离系统进行分离和分析。也可以全面评估催化剂的性能和寿命。

裂化反应是吸热反应，而再生反应是强放热反应。在石油馏分进行催化裂化时，除了进行分解反应外，也进行异构化、氢转移、芳构化等反应。其催化裂化反应主要有以下两个特点：①各类烃之间的竞争吸附和对反应的阻滞作用：烃类的催化裂化反应是在催化剂表面上进行的。在一般催化裂化条件下，原料油是气相，因此，催化裂化反应是属于气-固相非均相催化反应。反应物首先以油气流扩散到催化剂表面上(其中很重要的是催化剂的微孔中的表面)，并且吸附在表面上，然后在催化剂的作用下进行化学反应。生成的反应产物先从催化剂表面上脱附，再从这些微孔里扩散至油气流中，导出反应器。②平行-顺序反应：反应深度对各产品产率的分配有重要影响，见图5-8。

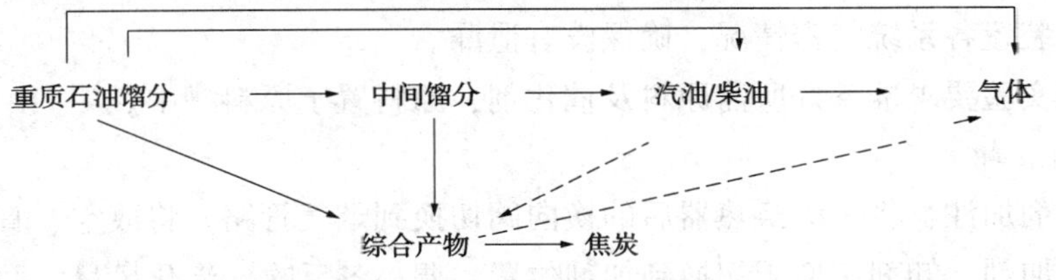

图5-8　石油馏分的催化裂化反应(虚线表示二次反应)

三、实验装置及试剂

1. 实验装置

固定床重油催化裂化反应过程主要包含三个部分：整套装置由气路控制系统、液体进料系统、反应系统、产物回收换热系统及控制系统五部分组成。气路控制系统由转子流量计、压力显示组件、气源稳压组件等组成。液体进料系统由电子天平、原料罐、高精度计量泵、原料预热组件等组成。反应系统主要由反应器及内构件组成。产物回收换热系统由换热器、回收罐、深冷冷阱、电子秤、气体计量组件等组成。控制系统由PLC控制系统、控制开关、控温组件、继电器等组成。第一部分是进料系统，进水蒸气和重油，以及氮气和空气；第二部分是反应系统，水蒸气和重油的混合物经混合炉加热进入放有催化剂的反应器进行反应，反应油气进入第三部分，即产品接收、吸收和计量。具体流程示意如图5-9所示。

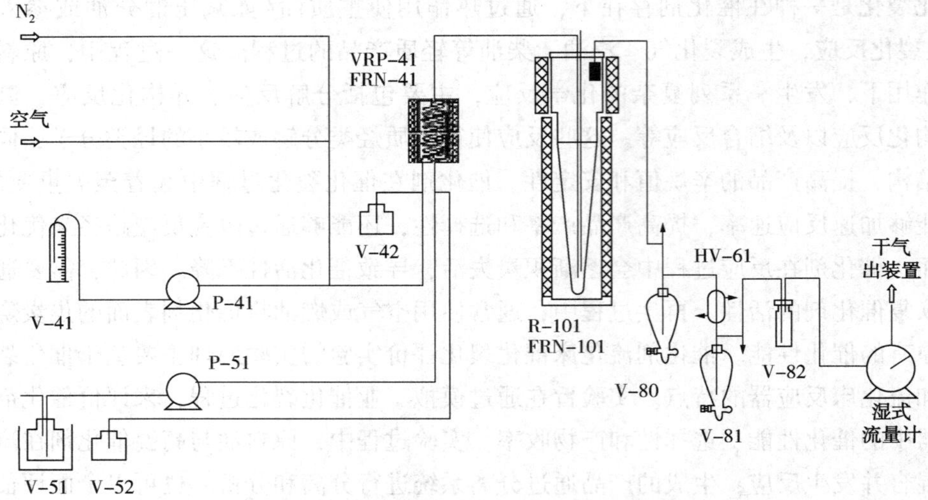

图5-9 重油催化裂化流程示意

V-41—水计量槽；V-42—储水槽；V-51—原料油计量槽；V-52—储油槽；P-41—水泵；P-51—油泵；VRP-41—水蒸气盘管；FRN-41—预热炉；R-101—反应器；FRN-101—反应加热炉；V-80—重油接收瓶；V-81—轻油接收瓶；HV-61—冷却器；V-82—吸收瓶

2. 所用试剂

催化裂化原料用重油；LBO-16催化剂，来自某石化总厂；乙醇，工业级。

四、实验步骤及方法

1. 开工前准备

（1）检查装置各系统气密情况，确保没有泄漏。

（2）根据实验要求准备好所需原料及催化剂，原料置于原料罐中。

2. 催化剂装卸

（1）催化剂加注：将一级换热器后的换向阀切换到烟气管路。将放空、真空换向阀切换到真空位置，加剂、卸剂切换阀切换到加剂位置。调小各反吹、流化风量，并开启真空泵。

(2) 打开反应器上部的催化剂加注球阀，将催化剂加入反应器，催化剂进料 30g。

催化剂加注完毕后关闭加注球阀，将真空放空切换阀切换至放空位置，将各风量调至正常即可开始流化升温，升温采用馏程升温方式，预热炉温度 350℃，反应温度为 500℃。

(3) 催化剂卸剂：实验完成后当反应器内的催化剂温度低于 100℃时即可进行卸剂。将一级换热器后的换向阀切换至中间位置。将卸剂阀切换至卸剂位置。开启氮气流量计，即可开始卸剂。反应完的催化剂可由催化剂回收罐回收并进行分析。

3. 实验操作

(1) 在按上述步骤完成催化剂加注、流化升温过程后，当装置各点温度达到给定值时即可准备进行实验标定。将空气、氮气切换阀切换至氮气位置，吹扫约 20min。也可在升温开始时即使用氮气流化。

(2) 开启三级冷阱，并设定给定温度。

(3) 在电脑上按油泵开按钮开启油泵，可通过电子天平标定泵量，此时原料处于回流状态，原料经回流管路回流至回流罐内。

(4) 上述各点温度、流量调节完毕后即可开始实验标定，按"标定开始"按钮，并将一级换热器后的换向阀切换至油路位置。将空气氮气切换阀调至中间位置。此时进料管路上的换向阀切换，将原料输送入预热炉、反应器进行反应，原料油进料时间为 100~120s，反应产物经一、二、三级换热回收组件换热、分离后，不凝气体进入集气罐。三级冷阱中冷凝的液体可在实验结束后拆下，采用整体称重的方法进行计量。

(5) 达到实验规定的进油时间后按"标定结束"按钮，同时将空气、氮气切换阀调至氮气位置进行气提，气提时间约为 20min。此时进料管路上的三通换向阀切换至回流位置，关闭油泵以方便计量。气提结束后即可对液体、气体进行计量、取样。

(6) 催化剂再生，气提结束后，将空气、氮气切换阀调至空气位置进行催化剂再生，再生温度 500℃，再生时间 30min，观察控制系统中催化剂再生温度曲线，再生结束后关闭升温程序，等待降温。

4. 产物收集

(1) 取下液收瓶，分去下层水，称重，两级液收油之和为液收重量，然后洗净、烘干、称重，重新安装，注意不能漏气。

(2) 取下吸收瓶，称重(主要是液化气，C_3~C_5)，并回收废吸收剂；重新加入新鲜吸收剂，称重，接上装置，注意不能漏气。

(3) 记录室温、大气压，记录湿式流量计的读数，即干气的体积。

五、实验数据处理

1. 实验数据记录

物料数据记录见表 5-17。

表 5-17　重油催化裂化固定流化床实验记录

日期	催化剂/g	进油量/g			反应温度/℃	炉温给定/℃	再生温度/℃	再生温度给定/℃	再生时间/min	液体产物/g			干气体积/L	烟气体积/L
		前	后	油重						空	瓶+油	液收		

湿式流量计初始读数：________L；湿式流量计终读数：________L；

进水量：________mL(或 g)；

坩埚重：________g；

再生前催化剂重：________g；再生后催化剂重：________g。

2. 数据处理

计算重油催化裂化的液体产率(y_l)、液化气产率(y_{lg})、干气产率(y_g)、结焦率(y_{bc})和焦炭产率(y_c)。

(1)
$$y_l=\frac{\text{得到的液体产品量(g)}}{\text{进油量(g)}}\times 100\% \tag{5-25}$$

(2)
$$y_{lg}=\frac{\text{吸收后瓶的重量(g)}-\text{吸收前瓶的重量(g)}}{\text{进油量(g)}}\times 100\% \tag{5-26}$$

(3)
$$W_g=\frac{p\times V\times M}{R\times T} \tag{5-27}$$

$$y_g=\frac{G_g(\text{g})}{\text{进油量(g)}}\times 100\% \tag{5-28}$$

式中 W_g——干气的重量，g；

p——大气压力，10^5Pa；

V——湿式流量计终读数和初始读数之差，L；

M——气体的平均摩尔质量，约为 20.7g/mol；

R——气体常数，0.08206(10^5Pa·L)/(mol·K)；

T——温度，K。

(4)
$$y_{bc}=\frac{\text{再生前催化剂的重量(g)}-\text{再生后催化剂的重量(g)}}{\text{再生前催化剂的重量(g)}}\times 100\% \tag{5-29}$$

(5) 焦炭产率的计算

① 方法一

$$y_c=\frac{y_{bc}\times\text{催化剂的重量(g)}}{\text{进油量(g)}}\times 100\% \tag{5-30}$$

② 方法二

如果用气相色谱测出烟气的组成，计算出烟气的平均分子量，则可直接计算出焦炭产率，方法为：

$$\text{烟气的量}=\frac{p\times V\times M}{R\times T} \tag{5-31}$$

$$\text{焦炭产率}=\frac{\text{烟气的量(g)}}{\text{进油量(g)}}\times 100\% \tag{5-32}$$

六、思考题

(1) 催化裂化反应装置有哪几种类型？各有什么优缺点？

(2) 催化裂化反应是吸热反应，是否反应温度越高，对获得液体产品越有利？为什么？

(3) 把本次实验结果与一般工业催化裂化装置生产结果进行比较，并分析影响实验结果的因素，如何改进？

(4) 如果发现进料和出料不平衡可能的原因是什么？

有机化工实验

实验13 乙苯脱氢制苯乙烯

一、实验目的

(1) 了解以乙苯为原料，采取氧化铁系催化剂，在固定床单管反应器中制备苯乙烯的过程。

(2) 学会稳定工艺操作条件的方法。

二、实验原理

1. 本实验的主副反应

主反应：

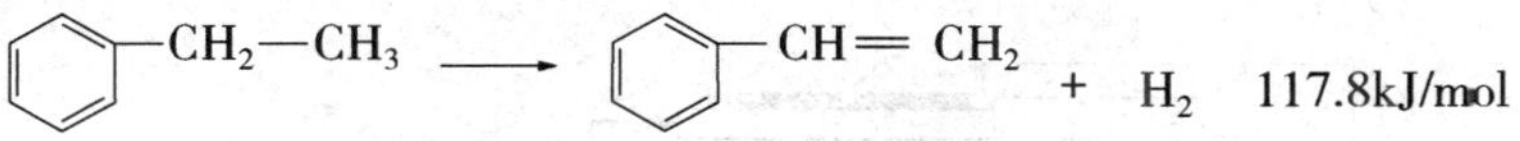

副反应：

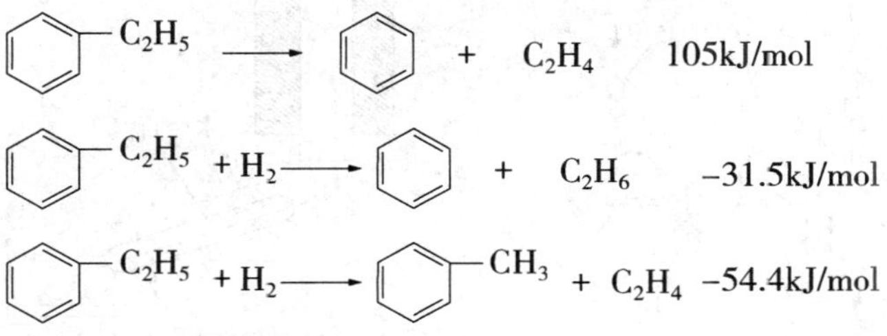

在水蒸气存在的条件下，还可能发生下述反应：

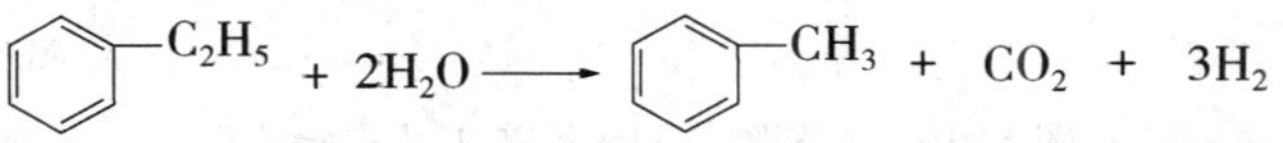

此外还有芳烃脱氢缩合及苯乙烯聚合生成焦油和焦等。这些连串副反应的发生不仅使反应的选择性下降，而且极易使催化剂表面结焦而活性下降。

2. 影响本反应的因素

(1) 温度的影响

乙苯脱氢反应为吸热反应，$\Delta H^{\ominus}>0$，从平衡常数与温度的关系式：

$$\left(\frac{\partial \ln K_p}{\partial T}\right)_p = \frac{\Delta H^{\ominus}}{RT^2} \qquad (5-33)$$

可知，提高温度可增大平衡常数，从而提高脱氢反应的平衡转化率。但是温度过高副反应增加，使苯乙烯选择性下降，能耗增大，设备材质要求增加，故应控制适宜的反应温度。本实验的反应温度为：540~600℃。

（2）压力的影响

乙苯脱氢为体积增加的反应，从平衡常数与压力的关系式：

$$K_p = K_n \left(\frac{p_{总}}{\sum n_i} \right)^{\Delta\gamma} \tag{5-34}$$

可知，当 $\Delta\gamma>0$ 时，降低总压 $p_{总}$ 可使 K_n 增大，从而增加了反应的平衡转化率，故降低压力有利于平衡向脱氢方向移动。本实验加水蒸气的目的是降低乙苯的分压，以提高平衡转化率。较适宜的水蒸气用量为：水：乙苯=1.5：1(体积比)或8：1(摩尔比)。

（3）空速的影响

乙苯脱氢反应系统中有平衡副反应和连串副反应，随着接触时间的延长，副反应也增加，苯乙烯的选择性可能下降。适宜的空速与催化剂的活性及反应温度有关，本实验乙苯的液空速以 $0.6h^{-1}$ 为宜。

3. 催化剂

本实验采用氧化铁系催化剂，其组成为：Fe_2O_3-CuO-K_2O_3-CeO_2。

三、实验装置及流程

实验装置及流程见图 5-10。

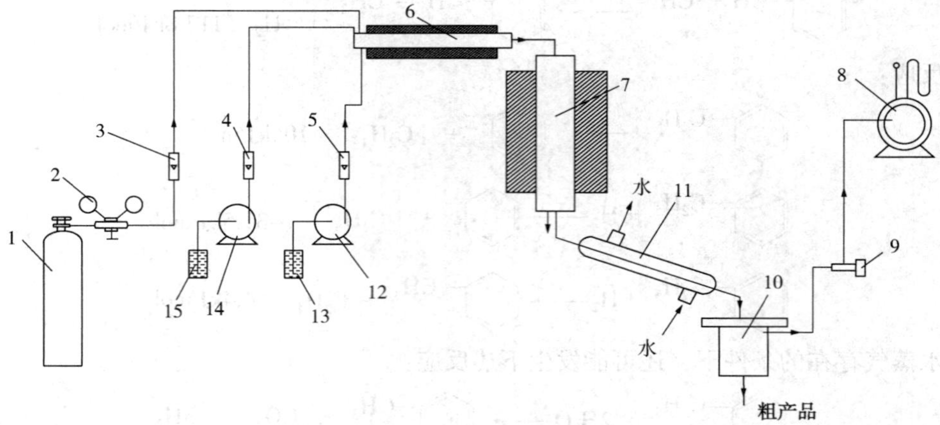

图 5-10　乙苯脱氢制苯乙烯工艺实验流程

1—氮气瓶；2—氮气减压阀；3—气体流量计；4，5—液体流量计；6—汽化器；7—反应器；8—湿式流量计；9—尾气取样口；10—分离器；11—冷凝器；12，14—加料泵；13，15—原料

四、实验步骤及方法

1. 反应条件控制

汽化温度300℃，脱氢反应温度540~600℃，水：乙苯=1.5：1(体积比)，相当于乙苯加料 0.5mL/min，蒸馏水 0.75mL/min(50mL 催化剂)。

2. 操作步骤

(1) 了解并熟悉实验装置及流程，搞清物料走向及加料、出料方法。

(2) 接通电源，使汽化器、反应器分别逐步升温至预定的温度，同时打开冷却水。

(3) 分别校正蒸馏水和乙苯的流量(0.75mL/min 和 0.5mL/min)。

(4) 当汽化器温度达到300℃后，反应器温度达400℃左右开始加入已校正好流量的蒸馏水。当反应温度升至500℃左右，加入已校正好流量的乙苯，继续升温至540℃使之稳定半小时。

(5) 反应开始每隔10~20min取一次数据，每个温度至少取两个数据，粗产品从分离器中放入量筒内。然后用分液漏斗分去水层，称出烃层液重量。

(6) 取少量烃层液样品，用气相色谱分析其组成，并计算出各组分的百分含量。

(7) 反应结束后，停止加乙苯。反应温度维持在500℃左右，继续通水蒸气，进行催化剂的清焦再生，约半小时后停止通水，并降温。

五、实验记录及计算

1. 原始记录(表5-18)

表5-18 实验原始数据记录

<table>
<tr><td rowspan="3">时间</td><td colspan="2">温度/℃</td><td colspan="4">原料流量/(mL/min)</td><td colspan="2">粗产品/g</td><td rowspan="3">尾气</td></tr>
<tr><td rowspan="2">汽化器</td><td rowspan="2">反应器</td><td colspan="2">乙苯</td><td colspan="2">水</td><td rowspan="2">烃层液</td><td rowspan="2">水层</td></tr>
<tr><td>始</td><td>终</td><td>始</td><td>终</td></tr>
<tr><td></td><td></td><td></td><td></td><td></td><td></td><td></td><td></td><td></td><td></td></tr>
<tr><td></td><td></td><td></td><td></td><td></td><td></td><td></td><td></td><td></td><td></td></tr>
</table>

2. 粗产品分析结果(表5-19)

表5-19 粗产品分析结果

<table>
<tr><td rowspan="3">反应温度/℃</td><td rowspan="3">乙苯加入量/g</td><td colspan="8">粗产品</td></tr>
<tr><td colspan="2">苯</td><td colspan="2">甲苯</td><td colspan="2">乙苯</td><td colspan="2">苯乙烯</td></tr>
<tr><td>含量/%</td><td>质量/g</td><td>含量/%</td><td>质量/g</td><td>含量/%</td><td>质量/g</td><td>含量/%</td><td>质量/g</td></tr>
<tr><td></td><td></td><td></td><td></td><td></td><td></td><td></td><td></td><td></td><td></td></tr>
<tr><td></td><td></td><td></td><td></td><td></td><td></td><td></td><td></td><td></td><td></td></tr>
</table>

3. 计算结果

乙苯的转化率：
$$\alpha=\frac{RF}{FF}\times100\% \tag{5-35}$$

苯乙烯的选择性：
$$S=\frac{P}{RF}\times100\% \tag{5-36}$$

苯乙烯的收率：
$$Y=\alpha S\times100\% \tag{5-37}$$

六、结果及讨论

对以上的实验数据进行处理，分别将转化率、选择性及收率对反应温度作表，找出最适宜的反应温度区域，并对所得实验结果进行讨论(包括曲线图趋势的合理性，误差分析，成败原因等)。

七、思考题

(1) 乙苯脱氢生成苯乙烯反应是吸热还是放热反应？如何判断？如果是吸热反应，则反应温度为多少？实验室是如何来实现的？工业上又是如何来实现的？

(2) 对本反应而言体积是增大还是减小？加压有利还是减压有利？工业上是如何来实现加减压操作的？本实验采用什么方法？为什么加入水蒸气可以降低烃分压？

(3) 在本实验中你认为有哪几种液体产物生成？有哪几种气体产物生成？如何分析？进行反应物料衡算，需要一些什么数据？如何收集并进行处理？

八、主要符号说明

FF—原料加入量，g；

$\Delta H_{298}^{\ominus}$—298K 下标准热焓，kJ/mol；

K_p，K_n—平衡常数；

N_i—i 组分的物质的量(摩尔)；

$p_{总}$—压力，Pa；

R—气体常数；

RF—消耗的原料量，g；

S—目的产物的选择性，%；

T—温度，K；

Y—目的产物的收率，%；

α—原料的转化率，%；

$\Delta\gamma$—反应前后物质的量变化，mol。

实验 14 邻对位活化的苯环卤素取代

一、实验目的

(1) 了解邻对位活化的苯环卤素取代反应机理。

(2) 了解活性亚甲基化合物形成碳负离子作为亲核试剂的过程。

(3) 学习并熟悉连续流技术中关于停留时间的计算。

二、实验原理

1. 活性亚甲基化合物形成碳负离子作为亲核试剂

乙酰乙酸乙酯或丙二酸酯类化合物的亚甲基由于受到碳原子两边的酮羰基吸电子作用而活化，亚甲基上的氢原子带有一定酸性，易于和碱作用形成碳负离子，并以烯醇共振的形式存在。本实验中所用到的原料氰乙酸乙酯具有类似的结构，反应历程如下：

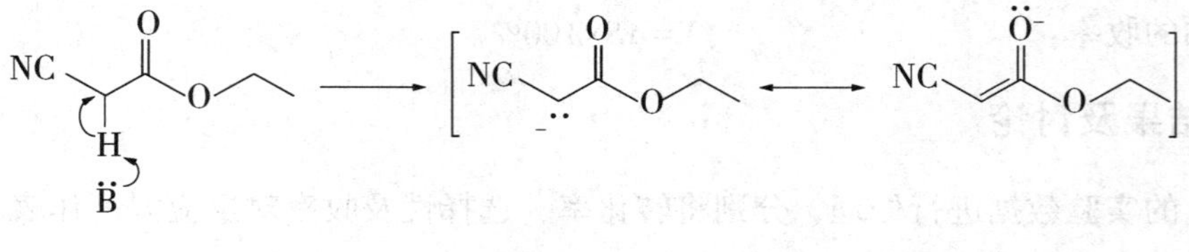

乙酰乙酸乙酯或丙二酸酯类化合物形成碳负离子可与卤代烃等底物进行取代反应，所得产物进一步水解可得到甲基酮类化合物或羧酸类化合物，实现碳链的增长，是有机合成领域重要的合成方法。

2. 苯环上的卤素取代反应

卤代烷烃中的碳原子为 SP_3 杂化，易与亲核试剂发生取代反应，比较典型的应用为醇羟基负离子与卤代烷烃通过 Williamson 合成法制备醚类化合物。卤代苯类化合物属于卤代烯烃，由于碳原子为 SP_2 杂化，碳卤键的键能较大，常规条件下与亲核试剂难以发生取代反应，但当苯环的邻对位有比较强的吸电子基团时，苯环上的电子云密度降低，通过共轭效应和诱导效应使卤原子被活化，更容易与亲核试剂发生取代反应，生成的产物分子中的次甲基由于同时受到氰基、酯基和苯环的活化，酸性更强，立即与反应体系中的碱经过质子平衡以负离子形式存在，反应历程如下：

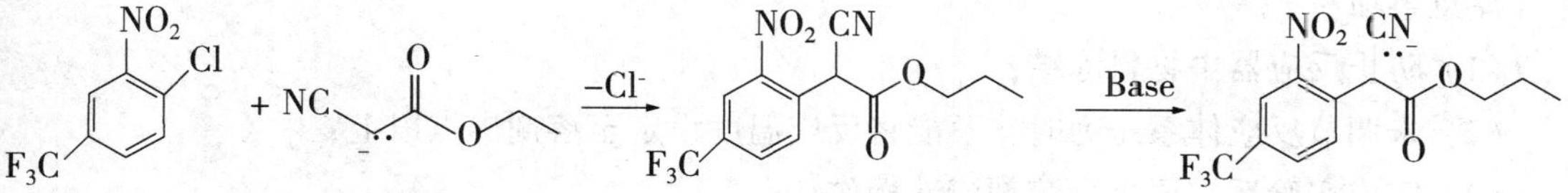

三、仪器及试剂

1. 仪器

康宁 AFR® Nebula 星云教学平台反应器、液相色谱分析仪。

2. 实验试剂(表 5-20)

表 5-20　实验试剂

名　　称	CAS 号	分子量	用量
4-氯-3-硝基三氟甲苯	121-17-5	225.55g/mol	4.52g
氰基乙酸乙酯	105-56-6	113.11g/mol	2.48g
DBU	6674-22-2	152.24g/mol	6.08g
DMF	68-12-2	73.09g/mol	

四、实验步骤

1. 物料配制

物料 1：4.52g(20mmol)4-氯-3-硝基三氟甲苯(CAS 121-17-5)和 2.48g(22mmol)氰基乙酸乙酯(CAS 105-56-6)溶解于 100mL DMF 中。

物料 2：6.08g(40mmol)DBU(CAS 6674-22-2)溶解于 100mL DMF 中。

2. 开车、停车实验操作

(1) 开车步骤

① 将两股物料分别装入相应的注射泵中；

② 在换热器操作界面设定相应的温度并点击运行；

③ 开启两台注射泵分别将有机相和水相两股物料输送进反应模块中；

④ 待物料流速、反应温度、反应路压力均已稳定后，记录停留时间；

⑤ 在 3~5 倍停留时间后，观察模块中的实验现象。

(2) 停车步骤

① 在换热器操作界面将温度设定为室温并运行；

② 停止注射泵进料，将注射泵内的物料均更换为 DMF；

③ 开启两台注射泵将 DMF 输送进反应模块进行清洗；

④ 在 3~5 倍停留时间后，将注射泵中的物料均更换为乙醇；

⑤ 开启两台注射泵将乙醇输送进反应模块进行置换；

⑥ 在 3~5 倍停留时间后，停止注射泵和换热器的运行。

注意事项：

(1) 防止反应器中物料冻结；

(2) 未调节反应体系压力时，不能将反应温度设定至溶剂沸点以上；

(3) 完成实验后需要进行溶剂清洗操作。

3. 实验条件与反应现象(表 5-21)

表 5-21 实验条件与反应现象

输入	进料 1/(mL/min)	进料 2/(mL/min)	温度/℃	时间/s	结果
1	0.5	0.5	25	162	反应液逐渐变为红黑色
2	0.5	0.5	30	162	反应液更快变为红黑色
3	1.0	1.0	30	81	反应液逐渐变为红黑色
4	2.0	2.0	30	40.5	反应液为红色，放置后加深为红黑色
5	1.5	1.5	40	54	反应液逐渐变为红黑色

具体图片如下：

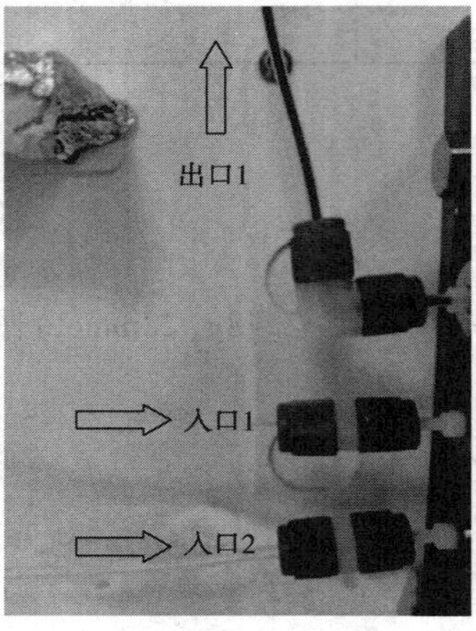

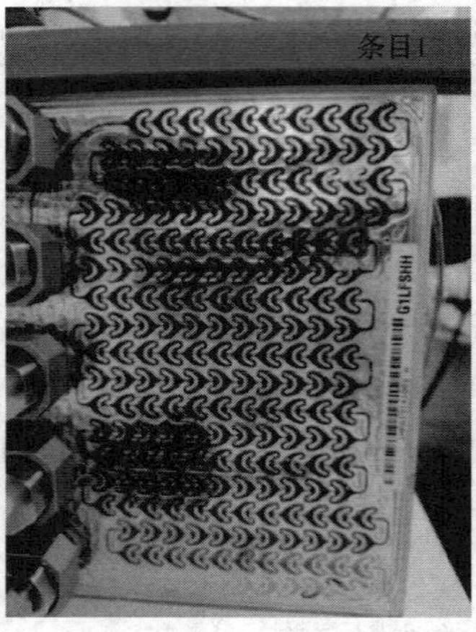

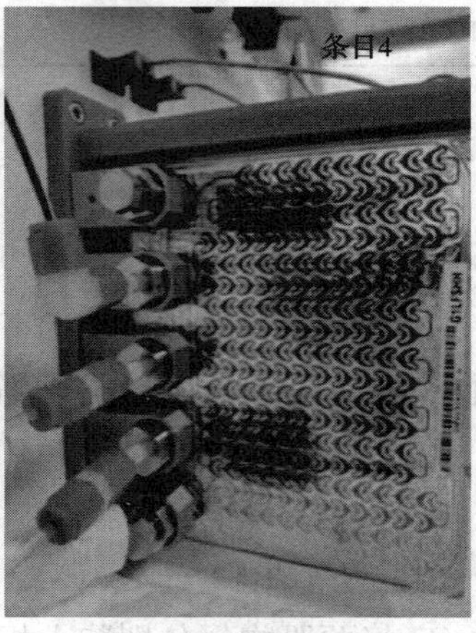

五、分析谱图（图 5-11）

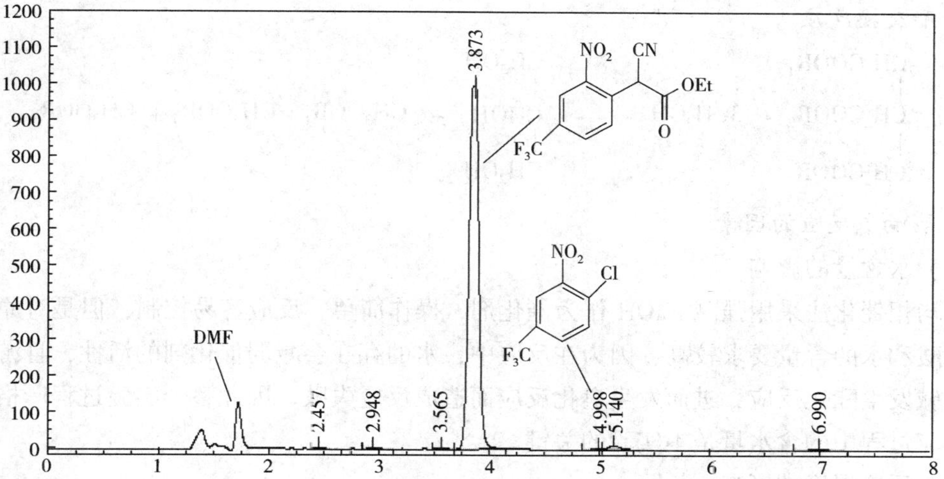

图 5-11　典型液相色谱分析谱图（条目 3）

HPLC	3. 87	4. 99
流动相：乙腈：水（0. 5%乙酸）= 70：30 流速：1. 5mL/min 检测波长：240nm	取代产物 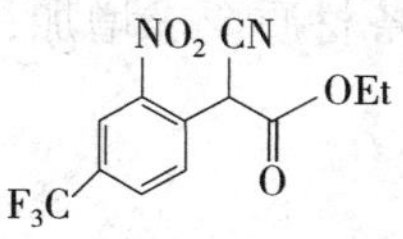	反应原料 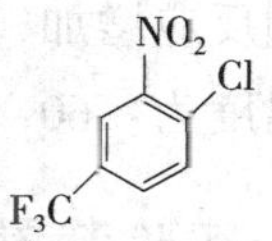

六、思考题

（1）请解释反应物料从无色转变为红色所代表的具体化学过程。

（2）请思考 DBU 的用量调整为 1 当量，对反应有何影响？请简述原因。

（3）氯苯在相同条件下能否发生上述取代反应？请简述原因。

实验 15　生物柴油的制备

一、实验目的

（1）掌握以植物油为原料，碱为催化剂，通过脂交换制备生物柴油的工艺。

（2）了解分析生物柴油基本物化性能的方法。

二、实验原理

生物柴油是生物质能的一种，有较广阔的应用前景。生物柴油是含氧量极高的复杂有机成分的混合物，这些混合物主要是一些分子量大的有机物，几乎包括所有种类的含氧有机物，如：酯、醚、醛、酮、酚、有机酸和醇等。复合型生物柴油是以废弃的动植物油、废机油及炼油厂的副产品为原料，再加入催化剂，经专用设备和特殊工艺合成。生物柴油是由植物油或动物油、食用废油等原料与甲醇经过酸(或碱)催化发生酯化反应，产物再经处理即可得到符合标准的生物柴油。

1. 酯交换反应

$$\begin{array}{l} CH_2COOR_1 \\ | \\ CH_2COOR_2 \\ | \\ CH_2COOR_3 \end{array} + 3CH_3OH \longrightarrow \begin{array}{l} CH_2OH \\ | \\ CHOH \\ | \\ CH_2OH \end{array} + CH_3OOR_1 + CH_3OOR_2 + CH_3OOR_3 \qquad (5-38)$$

2. 影响本反应的因素

(1) 水含量的影响

本均相催化法采用强碱 NaOH 作为催化剂，操作简单，反应容易控制；但是对原料中游离脂肪酸和水的含量要求较高，因为在反应中，水的存在会减弱催化剂的活性，且游离脂肪酸会与碱发生酯化反应，进而发生皂化反应而造成反应失败。因此整个实验过程严格控制投料和反应过程中的含水量是本实验的关键。

(2) 反应温度的影响

酸催化制备生物柴油不存在皂化的问题，但是存在反应时间长，反应温度高的缺点。因此本实验选择氢氧化钠作为催化剂。经过计算，酯交换反应焓值 ΔH 略大于 0，并基本不随温度变化，从而印证了酯交换反应的反应热较小，温度对于平衡的影响不大的结论。但是温度过高副反应增加，能耗增大，设备材质要求增加，故应控制较低的反应温度。本实验的反应适宜温度为：60~70℃。

三、实验装置及流程

生物油制备的实验装置包括：釜式搅拌装置、固定床反应装置、管式反应装置、酸中和罐、水洗罐、油水分相器、计量装置和冷却系统、温度控制系统、原料与成品储罐、加料泵、计算机采集系统等。该套装置的运行可给今后放大工业设计提供可靠的实验数据，具有很大的实用价值。生物柴油反应装置流程以及主要装置参数见图 5-12 和表 5-22。

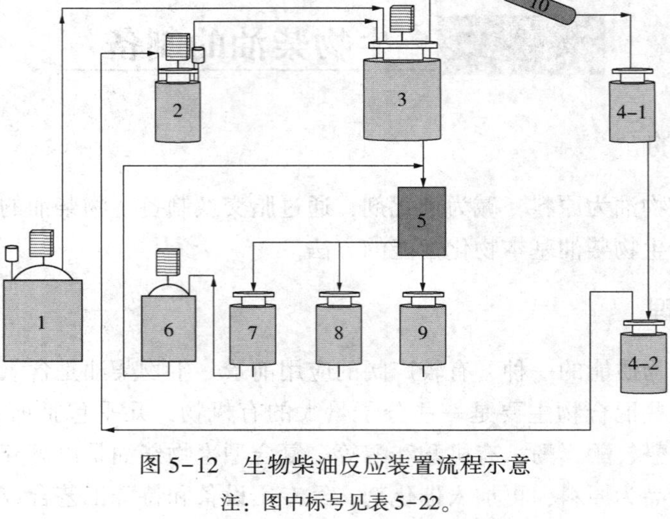

图 5-12　生物柴油反应装置流程示意

注：图中标号见表 5-22。

表 5-22 主要装置参数

序号	主要设备名称	规格型号	数量
1	油料罐	50L，1Cr18Ni9Ti	1
2	催化剂罐	ϕ168×280mm，5L，1Cr18Ni9Ti	1
3	反应釜	10L，1Cr18Ni9Ti	1
4-1	甲醇储罐(收集)	20L，1Cr18Ni9Ti	1
4-2	甲醇储罐(存储)	ϕ273×290mm，10L，1Cr18Ni9Ti	1
5	分相罐	ϕ273×290mm，10L，玻璃	1
6	水洗中和罐	ϕ273×290mm，10L，1Cr18Ni9Ti	1
7	轻相罐	ϕ273×290mm，10L，1Cr18Ni9Ti	1
8	水相罐	ϕ273×290mm，10L，1Cr18Ni9Ti	1
9	重相罐	ϕ273×290mm，10L，1Cr18Ni9Ti	1
10	甲醇收集器	ϕ168×280mm，5L，1Cr18Ni9Ti	1

四、实验步骤及方法

1. 工艺条件控制

粗油罐中原料油预热到40~50℃，反应釜温度设置在65℃，原料油：甲醇：氢氧化钠=100：40：1(质量比)，相当于原料油加料2200mL，溶剂甲醇投料1010mL，催化剂NaOH加入20g。

2. 操作步骤

(1) 了解并熟悉实验装置及流程，搞清物料走向及加料、出料方法。

(2) 开车前的准备工作电路检查：打开总电源；打开测温开关，观察所有测温点是否显示正常。

(3) 打开各罐的搅拌开关，调整转速至200r/min左右，观察有无异常声音，运行平衡后停止搅拌；打开测温开关，观察所有测温点是否显示正常。

(4) 物料准备：

① 原料油：将植物油原料2200mL放入油罐内，并盖好上盖，接好出入管路待用。如果室温较低，油品过分黏稠，需加热(保持在40℃左右)后再倒入罐内以保证其具有较好的流动性。

② 甲醇：甲醇使用购买的分析纯药品，实际真正生产时可以和回收的甲醇一起使用。溶剂甲醇总计投料1010mL，分4次加入催化剂罐中，每次加入甲醇时需溶解部分氢氧化钠(5g)，直至将20g氢氧化钠催化剂全部溶解完毕。加入过程中一人由楼梯上二层，缓慢从加料口分批次加入(注意眼部防护)。加料完毕后打开搅拌，稳定在100~120r/min。

(5) 将物料按比例打入预反应器，当反应器的液面升到一定高度时，停止加料，开启搅拌和升温电源，调节好转速与温度给定(反应釜温度设定为70℃)，使温度升至所需值，并保持一定时间(最终稳定温度控制在65℃)。升温的同时打开直管回流冷凝的冷却水，调节流量在0~60L/h，任意取值；温度稳定后的反应时间约2h。

（6）打开甲醇收集阀门观察有无甲醇流出，如果有甲醇流出，要加大冷却水的流量。在达到规定时间后，关闭直管回流冷凝器的冷却水开关，打开后部冷却器的阀门，这时甲醇不再回流，而被连续采出。

（7）将脱甲醇后的液体送至分相器，这时上层油为生物柴油和少量甲醇，而下层为未反应油、甘油或其他钠盐等。要分别进行水洗与酸中和处理。

（8）当分相后的上层油经酸洗、中和后，分层除去重相，将轻相放至储罐内，即为产品生物柴油。

五、实验数据处理

1. 原始记录(表5-23、表5-24)

表5-23 投料与产品质量记录

甲醇投料/g	氢氧化钠投料/g	原料油投料/g	生物柴油(轻组分)/g

表5-24 反应温度数据即时记录

时间									
反应釜温度/℃									

2. 生物柴油产品性能评价

（1）闪点的测定

闪点，是在规定的实验条件下，施用某种点火源造成液体汽化而着火的最低温度。闪燃是液体表面产生足够的蒸气与空气混合形成可燃性气体时，遇火源产生一闪即燃的现象。闪燃的最低温度称为闪点。

测定闪点有两种方法：开口闪点(参照 GB/T 3536—2008)和闭口闪点(参照 GB/T 261—2021)(或者称为开杯闪点，闭杯闪点)。一般轻质油品测定闭口闪点，而重质油品测定开口闪点。

（2）凝点的测定

凝点，是指油品试样在规定条件下冷却到液面不流动时的最高温度，又称凝固点。柴油低温流动性差，则会造成柴油不能顺畅地供往汽缸，严重时，甚至无法使车辆正常行驶。同时柴油的低温流动性能也与低温下的燃料储藏、运输等有着密切的关系。柴油的牌号就是以凝点命名的。测定方法按 GB/T 510—2018 进行。

六、结果及讨论

将生物柴油产品的性能与轻柴油的质量指标进行比较，并讨论。

七、思考题

（1）简述国内生物柴油生产的现状。

（2）由植物油制备生物柴油的反应机理是什么？

实验16 磺化聚苯乙烯型阳离子交换树脂的合成

一、实验目的

(1) 了解悬浮聚合的反应原理及各组分的作用。

(2) 通过共聚物的磺化反应，了解高分子化学反应的规律。

(3) 掌握离子交换树脂的净化方法和交换当量的测定方法。

二、实验原理

悬浮聚合是指在较强烈的搅拌下，借悬浮剂的作用，将溶有引发剂的单体分散在另一与单体不溶的介质中(一般为水)所进行的聚合，根据聚合体在单体中溶解与否，可得透明的珠状物或不透明不规整的颗粒状聚合物，故又称珠状聚合。

悬浮聚合实质上是单体小液滴内的本体聚合，在每个小液滴内单体的聚合过程与本体聚合相似，但由于单体在体系中被分散成细小的液滴，因此悬浮聚合又具有它自己的特点。由于单体以小液滴形式分散在水中，故散热表面积大，而且水的比热大，因此解决了反应的散热问题，保证了反应温度的均一性，有利于反应的控制。另外悬浮聚合产品的分子量比溶液聚合高、杂质含量比乳液聚合少，后处理工序比溶液聚合、乳液聚合简单，粒状树脂可直接用于加工。

可作为悬浮剂(分散剂)的物质有两类：一类是可溶于水的高分子化合物，如聚乙烯醇、明胶等；另一类是不溶于水的无机盐粉末，如钙镁的碳酸盐，硫酸盐和磷酸盐等。悬浮剂的性能和用量对聚合物颗粒大小和分布有着很大的影响。一般来讲，悬浮剂用量越大，所得聚合物颗粒越细。如果悬浮剂为水溶性高分子化合物，当所用浓度相同时，则悬浮剂分子量越小，所得树脂的颗粒度就越大。因此，悬浮剂分子量的不均一，会造成树脂颗粒分布变宽。

为了得到粒度合格的珠状聚合物，除加入悬浮剂外，严格控制搅拌速度也是一个非常关键的步骤。一般来讲，搅拌速度越大，树脂粒度越细，搅拌速度越小，树脂颗粒越大。在聚合期间(未定型前)应维持恒定的搅拌速度，如果这时搅拌速度变化不定，就会使粒度分布不均匀。另外搅拌器的形状对颗粒大小和均匀性也有影响。

除了分散剂的选择和搅拌速度两个主要因素外，下列因素：水-单体比、聚合温度、引发剂种类和用量、单体种类、其他添加剂，对树脂的颗粒大小和形态也有影响。

本实验分两步进行：第一步是苯乙烯和二乙烯苯(交联剂)，在过氧化苯甲酰引发下，经悬浮共聚生成珠状共聚体，它具有体形网状结构，是苯乙烯型离子交换树脂的母体，反应式如式(5-39)所示：

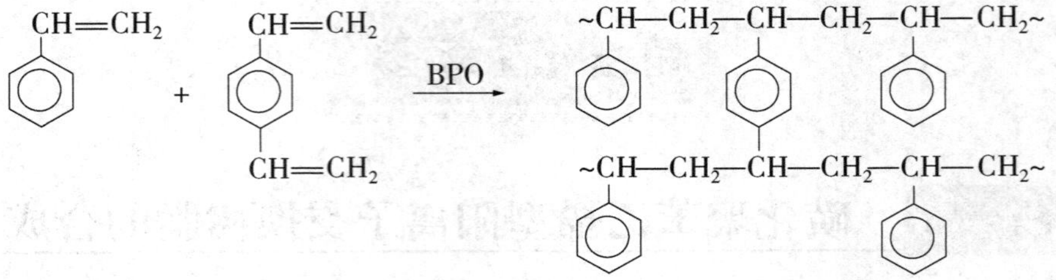

(5-39)

第二步是将珠状共聚体用92%~93%的 H_2SO_4处理，使苯环上导入磺酸基。即生成聚苯乙烯型阳离子交换树脂，反应式如式(5-40)所示：

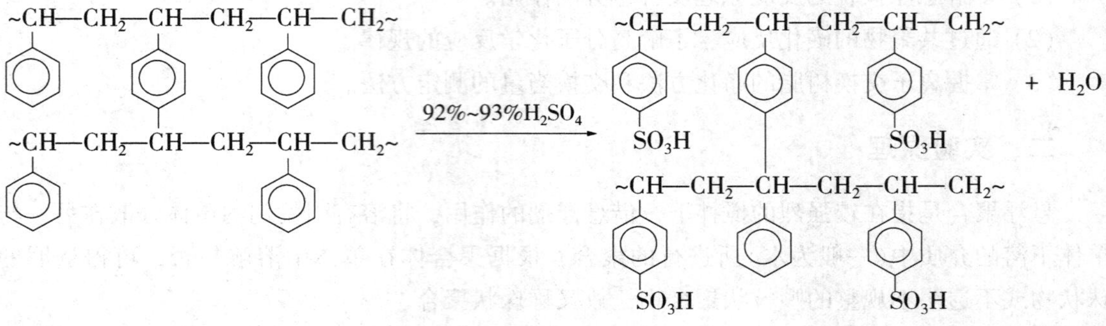

(5-40)

在磺化反应前，应先将树脂在溶剂中溶胀，这样使得硫酸容易渗入树脂内部，使磺化比较均匀。溶胀剂有二氯乙烷、四氯乙烷等。影响磺化反应的因素是温度和硫酸浓度。磺化温度高，反应速度快，但却易引起树脂的炭化而变黑。温度太低，磺化反应不完全，磺化反应时间拖长；硫酸浓度增加，反应速度加快，磺化完全，但太浓则树脂易破裂，损害其机械强度。

磺化后的树脂带有磺酸基离子交换基团，就其离解度来说与强酸的离解度相当，所以是一种强酸性阳离子交换树脂。由于它的离解度很高，在所有的介质(pH 范围)中都有反应能力。另外由于这种树脂对酸、硫及氧化剂的化学稳定性较强，机械强度较好，适应温度较高，所以已经广泛地应用于各个工业部门，例如：分离元素，处理血浆，纯化食品以及用于软化水及纯水的制备等。

三、实验装置及试剂

1. 实验装置

具有三口烧瓶、冷凝管、温度计、滴液漏斗和加热的电动搅拌装置。

2. 实验用试剂

苯乙烯，工业纯；二乙烯苯，工业纯；聚乙烯醇，分子量 1738；次甲基蓝；过氧化苯加酰，工业级；二氯乙烷，分析纯；浓硫酸，分析纯；氯化钠，工业级；氢氧化钠，分析纯。

四、实验步骤及方法

1. 实验准备

(1) 单体及试剂的精制

能够通过加聚或缩聚反应形成高分子化合物的低分子有机化合物，在高分子化学中称为“单体”。单体制得后，为了防止聚合，一般常加入阻聚剂如对苯二酚或对-叔丁基邻苯二酚，在低温下用棕色瓶储存。所以在聚合反应前，必须先进行单体的提纯工作。

在聚合或缩合反应中，常常使用各种试剂，如调节剂等。这些试剂的纯度对聚合或缩合反应及其产物性质影响很大。因此在高分子化学实验中，要求使用纯化试剂。因这些试剂基本上是低分子量有机化合物，故其纯化工作与有机物的分离提纯方法是相同的，这里就不叙述了。下面是几种常用的单体及试剂的精制方法。

(2) 苯乙烯的精制

取150mL苯乙烯于分液漏斗中，用5%氢氧化钠溶液60mL分三次洗涤，再用蒸馏水洗涤至水层呈中性为止，洗涤后的单体用无水硫酸钠干燥3h，置于棕色瓶中备用(如果阻聚剂沸点与单体沸点差别较大时，可不经此步)。干燥过的苯乙烯加入250mL克氏蒸馏瓶中进行减压蒸馏，收集44℃/20mmHg的馏分，记下馏分的温度、压力，测定其折光率：

$$n_D^{20}=1.5462 \qquad n_D^{25}=1.5438$$

苯乙烯在不同压力下的沸点见表5-25。

表5-25　苯乙烯在不同压力下的沸点

压力/mmHg	20	25	30	40	50	60	70
沸点/℃	45	50	54	58	60	65	72

(3) 过氧化苯甲酰(BPO)的精制

在50mL烧杯中，加入10mL氯仿和粗过氧化苯甲酰，不断搅拌使其全部溶解(**BPO在氯仿中只能在室温下溶解，不能加热，否则易爆炸！**)。溶液过滤后，滤液倒入35mL甲醇中，得到白色针状结晶，用布氏漏斗过滤，将沉淀置于真空干燥器中干燥，称重。熔点为107℃(分解)，产品放在棕色瓶中并置于干燥器中保存。

(4) 偶氮二异丁腈(AIBN)的精制

在50mL锥形瓶中加入10mL 95%乙醇，于78~80℃水浴加热至沸腾，迅速加1g粗AIBN，摇荡使其全部溶解，趁热迅速过滤，滤液冷却后得白色结晶，用布氏漏斗过滤，结晶置于真空烘箱中干燥，称重，测其熔点应为102℃(分解)，产品放在棕色瓶中，并保存于干燥器里。

2. 苯乙烯-二乙烯苯的悬浮共聚

在250mL三口烧瓶中加入100mL蒸馏水和数滴次甲基蓝，调整好搅拌片位置，加入5%聚乙烯醇5mL开动搅拌，用电热套缓慢加热，升温至40℃后停下搅拌，将事先在小烧杯中混合并溶有0.25g过氧化苯甲酰的20g苯乙烯与5g二乙烯苯的混合物倒入三口烧瓶中，控制搅拌速度使分散的油珠大小合适(约小于小米粒)。继续升温(每分钟1~2℃)在70℃下保温 1h，再升温到 85～87℃反应 1h 左右（此阶段应避免调整搅拌速度和停止搅拌，以防小球不均匀和发生黏结）。当小球定型固化后（可取出少许小球检查）升温到 95℃左右，继续反应 2h。停止搅拌，继续煮 2～3h。将小球倒入尼龙纱袋中，用热自来水洗涤两次（将装有小球的尼龙纱袋放入热水中用手搓洗）再用蒸馏水洗两次。将水甩去，把小球转移到瓷盘内，在 80℃烘箱中干燥 2h（或晾干），称重，用 30～70 目标准筛过筛，称重，并计算小球合格率。

3. 共聚小球的磺化

称取合格白球 20g 放入 250mL 三口瓶中，加入 20g 二氯乙烷，溶胀 10min，加入 92.5% 的 H_2SO_4 100g，开动搅拌（不要快），用电热套加热，1h 内升温到 70℃，反应 1h；再升温到 80℃，反应 6h；然后升温至 110℃，常压蒸出二氯乙烷（回收），然后撤去电热套。

冷却后，换成（冰）水浴，在搅拌的情况下，由滴液漏斗慢慢加入 50% 的 H_2SO_4 100mL，且控制温度不高于 35℃。

将小球倒入烧杯中，用滴管吸出大部分酸液，然后将小球倒入冷却至 0℃左右的 50mL 饱和食盐水中，逐渐加水倾出，自来水洗至中性，然后取 7～8mL 树脂放入交换柱中。保留液面超过树脂 0.5cm 左右即可，树脂内部不能有气泡，加 5% NaOH 100mL 并逐渐流出，将树脂转为 Na 型，然后用蒸馏水洗至中性，再加 5%盐酸 100mL 将树脂转化为 H 型，用蒸馏水洗至中性，如此反复三次。

4. 树脂性能的测定

树脂的性能是指：

（1）质量交换量：单位质量的 H 型可交换阳离子的毫克摩尔数。

（2）体积交换量：湿态单位体积的 H 型树脂可交换阳离子的毫克摩尔数。

（3）膨胀系数：树脂在水中从 H 型（多元余酸）转为 Na 型（多元余碱）时体积的变化。

（4）视密度：单位体积（包括树脂间空隙，干燥树脂的质量）。

（5）假密度：在水中单位体积容积干燥树脂的质量。

如果树脂是多孔的，则有孔径大小，孔径分布等指标。本实验只测体积交换量与膨胀系数两项，其测定原理如下：

用标准 NaOH 溶液滴定所产生的 HCl 量，反应如式（5-41）所示：

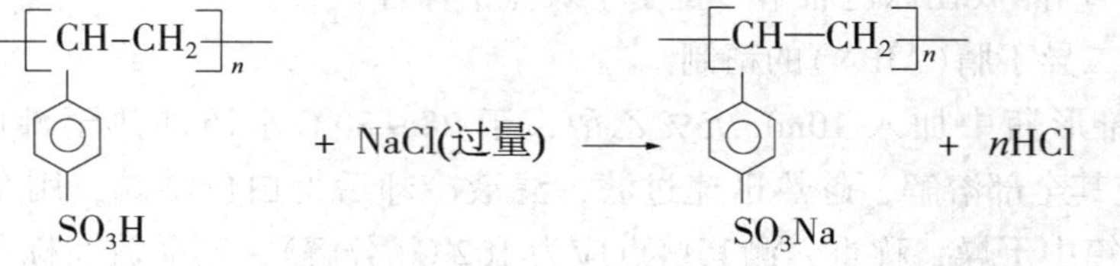

（5-41）

五、实验数据处理

测定所得到树脂的性能：质量交换量、体积交换量、膨胀系数、视密度、假密度。

六、思考题

（1）欲制得粒度合格的白球，应该注意哪些问题？

（2）磺化时温度为什么不能太高？磺化后处理过程中，为什么要加酸稀释，而不直接加水稀释？

（3）测交换量时为什么需将树脂反复转型，如果将合成的树脂直接取来测交换量，能否得到正确结果？

实验 17　碳酸二甲酯合成季铵盐类阳离子表面活性剂

一、实验目的

（1）掌握以碳酸二甲酯为烷基化试剂，制备具有新型反离子的绿色季铵盐类阳离子表面活性剂的方法及原理。

（2）掌握季铵盐类阳离子表面活性剂的性能表征方法；掌握间歇式反应釜的工作原理和操作方法。

（3）熟悉季铵盐类阳离子表面活性剂在不同领域内的应用，了解绿色季铵化产品的制备工艺和未来的发展方向。

二、实验原理

本实验以十二烷基二甲基叔胺为原料，以碳酸二甲酯作为季铵化试剂，合成了十二烷基三甲基碳酸单甲酯季铵盐，进一步与有机酸（甲酸、乙酸、乳酸）发生置换反应，合成以有机酸根为反离子的季铵盐类阳离子表面活性剂，其反应式如式（5-42）所示：

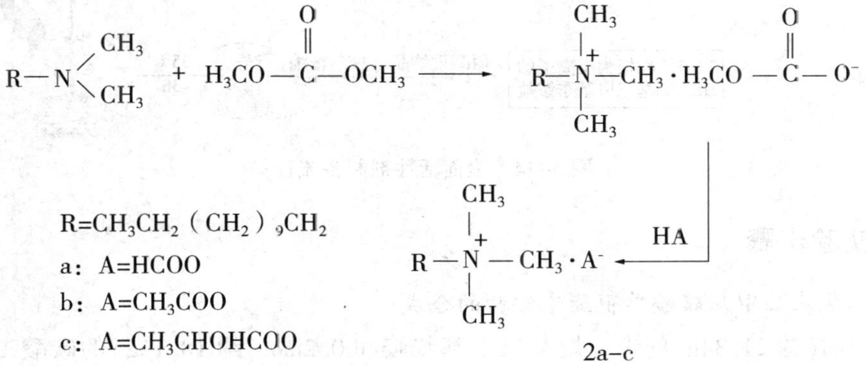

（5-42）

三、实验装置及流程

制备绿色季铵盐类阳离子表面活性剂所需的实验装置包括：可视化间歇式高压反应釜、恒温磁力搅拌器、旋转蒸发器等。反应装置见图 5-13。实验流程如图 5-14 所示。

实验试剂包括十二烷基二甲基叔胺（213.4g/mol）、碳酸二甲酯（90.08g/mol）、丙酮、甲醇、甲酸、乙酸（60.05g/mol）、乳酸等。

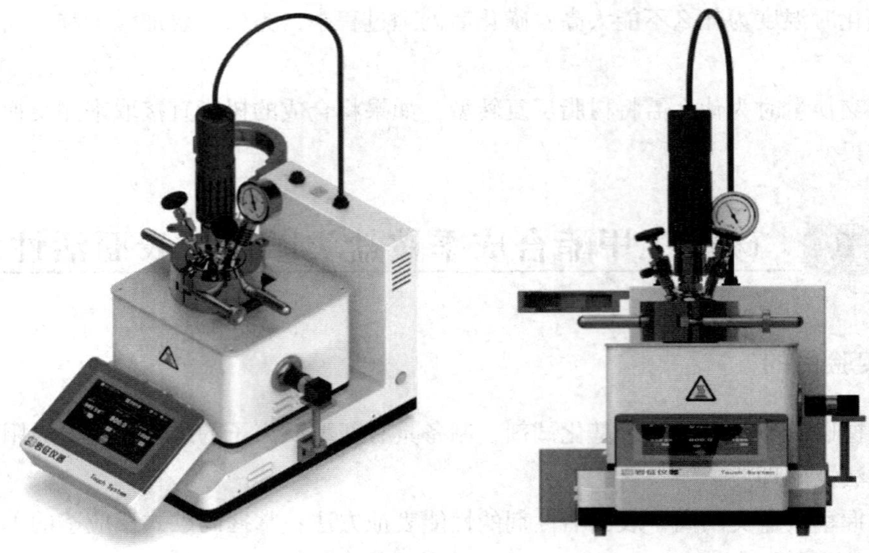

图 5-13　间歇式高压反应釜装置示意

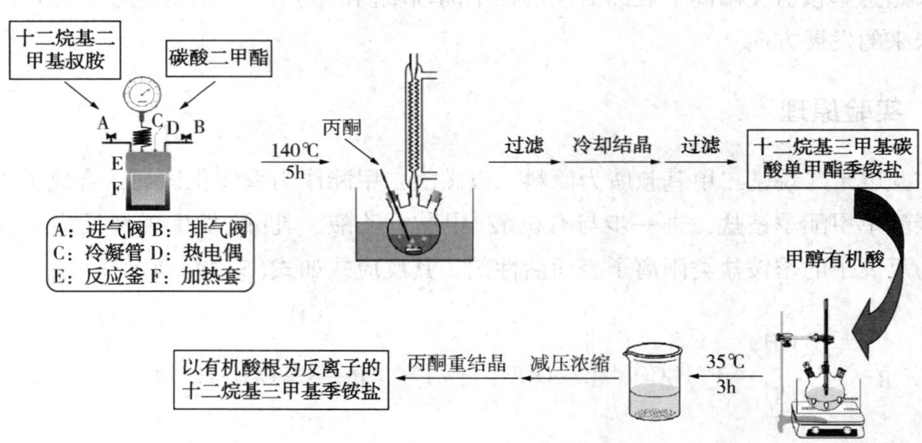

图 5-14　表面活性剂制备流程

四、实验步骤

1. 十二烷基三甲基碳酸单甲酯季铵盐的合成

取 0. 1mol(约 21. 34g)的十二烷基二甲基叔胺和 0. 2mol(约 18. 16g)的碳酸二甲酯加入 100mL 的间歇式高压反应釜中，搅拌加热至 140℃，反应 5h，反应结束后使反应釜快速降温至室温，取出反应混合物放入烧瓶中，加入一定量(约 250mL)丙酮 60℃加热回流 10min，使其全部溶解，趁热抽滤，然后将滤液置于常温或放入冰箱中冷却结晶，待析出晶体后滤掉滤液，得到目标产物十二烷基三甲基碳酸单甲酯季铵盐(分子量 303. 5)，称量并计算目标产物的收率。

2. 具有新型反离子的季铵盐类阳离子表面活性剂的合成

取 0. 01mol(约 3. 04g)十二烷基三甲基碳酸单甲酯季铵盐溶入 5mL 甲醇中，取 0. 01mol 有机酸(甲酸、乙酸、乳酸，以乙酸为例，约 0. 6g)溶入 5mL 甲醇中，将两种溶液加入 50mL 圆底烧瓶中，搅拌加热至 40℃，反应 3h，称量，然后将反应混合物经减压浓缩处理后(水泵抽真空，旋转蒸发仪加热温度至50℃)，得到以有机酸根为反离子的十二烷基三甲基季铵盐（乙酸基产物分子量287.48)，称量并计算目标产物的收率。

3. 以有机酸根为反离子的十二烷基三甲基季铵盐的性能评价

采用铂金板法测定所合成的具有新型反离子的季铵盐化合物水溶液在不同浓度下的表面张力，得到表面张力随其浓度变化的曲线，了解季铵盐相关表面性质指标。

铂金板法操作简要步骤：分别精确称取0.5g、0.3g、0.1g、0.05g、0.02g十二烷基三甲基季铵盐，并以100mL容量瓶定容。将铂片用去离子水清洗干净，在酒精灯上灼烧，放置回设备挂钩处，将设备逆时针拧紧，并归位至最低。取容量瓶内的少量溶液润湿表面皿，进而称取10mL放入表面皿，将表面皿放回原位。设备示数归零，将设备上升，拧动180°，顺时针精细调整，至出现示数，并记录。重复以上操作至实验完成。

五、实验数据处理

1. 合成实验数据记录及处理

主要数据应包括：

十二烷基二甲基叔胺实际投料质量、碳酸二甲酯实际投料质量、反应混合产物总质量、丙酮添加体积、目标产物十二烷基三甲基碳酸单甲酯季铵盐总质量等基础数据，并据此计算目标产物的收率。

十二烷基三甲基碳酸单甲酯季铵盐投料质量、乙酸投料质量、甲醇添加量、减压浓缩前后各自的质量，并据此计算目标产物的收率。

同时需要记录相关的反应温度、时间等信息。

2. 表面活性剂性能评价数据记录及处理

记录相关溶液浓度(g/L或mol/L)、表面张力(mN/m)等相关数据，以溶液浓度c为横坐标、表面张力γ为纵坐标，绘制季铵盐类阳离子表面活性剂的表面张力随浓度变化的曲线(γ-c曲线)。

六、思考题

(1) 比较不同有机酸生成的具有新型反离子的表面性质的差异，并分析差异的原因。

(2) 总结季铵盐类阳离子表面活性剂在不同领域内的应用。

实验18 间二硝基苯的选择性还原

一、实验目的

通过本实验掌握一种重要的还原方法——化学还原法，熟悉有关实验仪器的操作。

二、实验原理

化学还原方法有两种主要形式：①反应物接受电子，形成阴离子游离基，继而质子转移；②阴离子进行亲核进攻，然后发生质子化反应。

本实验利用一种相当缓和的含硫无机还原剂——二硫化钠(Na_2S_2)，对多硝基化合物(间二硝基苯)进行选择性部分还原。在该类反应中，硫化物提供电子，水为质子供给剂。反应如式(5-43)所示：

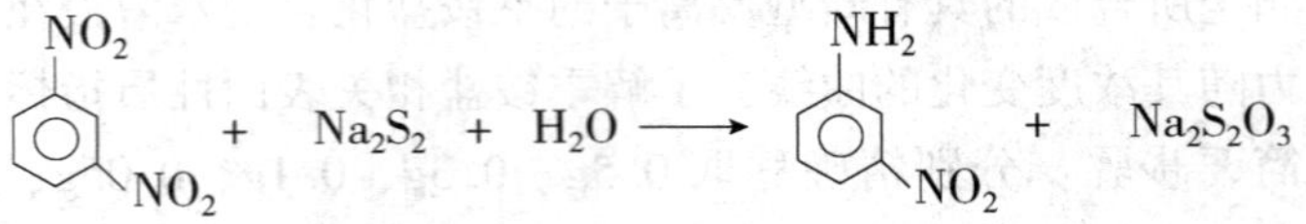

(5-43)

三、实验装置及试剂

1. 实验装置

带四口烧瓶、滴液漏斗、温度计、冷凝管和加热的电动搅拌装置一套；抽滤装置一套。

2. 实验用试剂

间二硝基苯，工业级；硫黄，化学纯；硫化钠，分析纯；丙酮，分析纯；氢氧化钠，分析纯。

四、实验步骤及方法

1. 还原剂二硫化钠(Na_2S_2)的制备

在烧杯中加入2.4g硫化钠(或7.4g $Na_2S \cdot 9H_2O$)和20mL水，制成硫化钠水溶液；于加热情况下，加入1g硫，搅拌使其溶解。若使用工业硫化钠为原料时，要先除去溶液中的残渣，然后溶解硫。

2. 实验步骤

在装有回流冷凝器和滴液漏斗的250mL四口瓶中，加入125mL水和4.2g间二硝基苯，并在搅拌下加热到90℃，冷却至88℃，在此温度下，在2h内由滴液漏斗逐滴加入配好的二硫化钠。

二硫化钠滴加完毕以后，在90~94℃继续搅拌1h，然后每过半小时检验一次间二硝基苯是否已完全反应。检验方法：在试管中加入1~2mL的浓碱液，然后滴入2~3滴反应物(切勿摇动)再加入2~3mL丙酮，放置2~3min后，丙酮层若呈红色或紫色表示有间二硝基苯存在，反之，则已完全反应。

反应完成后，冷却反应物至室温，过滤析出的间硝基苯胺结晶，用水洗涤，压干并在热水中重结晶。该反应的产率一般在65%~67%(文献值)；间硝基苯胺的熔点在112~114℃(文献值)。

五、实验数据处理

计算产品的产率，测定其熔点并与文献值比较。

六、思考题

(1) 影响本实验产率的因素是什么？

(2) 在精细有机合成反应中常用的化学还原剂有哪些？

无机化工实验

实验19 纳米 TiO_2、Fe_2O_3 的制备、表征及在降解环境污染物中的应用

一、实验目的

(1) 溶胶-凝胶合成纳米级半导体材料 TiO_2、Fe_2O_3。

(2) 纳米粒性和物性的表征。

(3) 光催化降解水体污染物及光催化降解效果的示踪检测。

(4) 复习及综合应用无机化学的水解反应理论，物理化学的胶体理论，光催化反应的热力学和化学反应动力学理论。

(5) 了解分析化学中有关仪器的使用方法，重点掌握 UV/Vis 吸收光谱和荧光光谱在示踪光催化降解反应过程中的应用。

二、实验原理

1. 纳米材料的制作原理

纳米材料的研究是高新技术的重要研究领域，它在电学、光学、磁学、力学及生物学等方面表现出许多优良性能。纳米材料分为两大类：一类是粒度在纳米级的超细材料(如 TiO_2 微粉)；另一类是具有纳米孔、纳米通道等纳米结构的材料。现有的合成方法可归纳为以下四类，即气相法、固相法、液相法和纳米结构合成法。因为纳米微粒具有巨大的表面积，彼此很容易凝结而成毫米级、微米级的超细粒子，如何防止制备纳米粒子的团聚是一个很重要的问题。溶胶-凝胶法是一种将无机物经还原析出或水解，以纳米尺度的金属离子分散在有机聚合物中的制备纳米材料的方法，是目前获得合成纳米材料的可行方法。

应用溶胶-凝胶法制备纳米 TiO_2 超微粒子的基本原理实际上是利用 $TiCl_4$ 或钛酸四丁酯的可控水解和在阻聚剂存在下的低温热处理。一般制备过程中超微粒子尺寸大小用下述方法控制：①扩散控制法，通过选择合适的反应物浓度、$TiCl_4$ 水解反应的 pH 值、水解温度等控制颗粒的成核速度和晶粒的生长速度。②表面修饰法，通过调节 Ti^{4+} 与表面修饰剂浓度之比，控制表面修饰剂分子与 OH^- 同 Ti^{4+} 之间的竞争反应速度，使 Ti^{4+} 水解速度下降。③加入热稳定剂，改善溶胶的分散性以利于成核速度的降低。

2. 纳米材料的表征

纳米结构的特殊性导致了四种效应，即小尺寸效应、表面与界面效应、量子尺寸效应和宏观量子隧道效应。以上四种效应使纳米粒子产生了独特的光学特性、光电催化特性、光电转换特性、电学特性和谱学特性，据此，在进行特性表征方面涉及多种表征方法，列举

TiO_2和 Fe_2O_3的特性表征方法见表 5-26。

表 5-26　典型的纳米半导体材料 TiO_2、Fe_2O_3的特性表征方法

纳米半导体材料	特性原理	表征方法
α-Fe_2O_3	超顺磁性	Mossbauer（莫斯鲍尔光谱）
TiO_2	小尺寸 量子尺寸及表面效应 发光效应 介电效应 光电特性	TEM（透射电镜），X-Ray 衍射 FT-Raman（傅里叶-拉曼光谱） 荧光光谱 TG（热重） Cyclic-Voltage（循环伏安法）
Fe_2O_3	正电子寿命特征	PAS（正电子湮灭技术）

3. *纳米材料在治理水体污染物中的应用*

生态环境的污染和破坏已经严重制约了经济的可持续发展，其中地表和地下水体的大面积污染进一步恶化了我们的生存环境，因此，对污染的控制和治理进行系统研究是一项重要的任务。近年来，从利用太阳能的角度出发，研制和开发在半导体材料表面进行光催化降解污染物，给业已渺茫的环境治理和生态修复带来了曙光，特别是纳米半导体材料科学的进步，使光催化降解在降解速率及太阳能的利用率等方面得到了很大程度的改善，使这一方法具有 21 世纪环境科学的特点。

光催化降解反应一般受以下几方面的影响：

（1）半导体光催化剂

催化剂是否具有较高的催化活性，主要取决于其结构、晶型、表面积、颗粒尺寸、孔隙度以及表面羟基浓度。TiO_2是一种优良的半导体光催化剂，它不但活性高而且稳定性好，锐钛型（anatase）要比金红石型（rutile）的氧化还原效率高。

（2）体系气氛的影响

如果有合适的电子给体存在，光照射导体表面时，水相中溶解的 O_2可被导带电子还原形成一系列活性氧自由基和 H_2O_2。溶解氧的存在对有机污染物的降解是有利的，但对无机污染物如 Pb^{2+}，Hg^{2+}，Cd^{2+}的还原却是不利的，因为 O_2是较强的电子受体，它与金属离子竞争导带上的电子，从而降低了金属离子的还原效率。

（3）体系酸度的影响

体系的酸度是影响光催化降解污染物的一个重要因素，它不仅影响着催化剂本身的活性与稳定性，而且影响着被降解物在体系中的存在方式及相应反应的还原电位的高低，同时还影响污染物在催化剂表面的吸附及随后的电子和空穴捕获速度。pH 值的变化直接影响着半导体带边电位的移动，对于 TiO_2其平带电位 V_{fb}（反映了电子位于 TiO_2溶液界面处的能级）在平衡条件下随 pH 值的变化见式（5-44）：

$$V_{fb}=-0.2-0.059\text{pH} \tag{5-44}$$

随 pH 值的增大，导带电子的还原能力更强，从而使 TiO_2的活性和稳定性都有提高。由于处于水相中 TiO_2的活性部位是表面羟基，其表面羟基的质子化与去质子化存在如式（5-45）所示的平衡：

$$\cdots TiOH_2^{2+} \underset{}{\overset{-H^+}{\rightleftharpoons}} \cdots TiOH^+ \overset{-H^+}{\rightleftharpoons} \cdots TiO^- \quad (5-45)$$

随 pH 值的下降，平衡向左移动，质子化程度增强，吸附能力减弱，在不同程度上减慢了反应速度。

（4）协同效应的影响

从光催化的氧化还原机理看，无机金属离子的存在与有机物的降解起着相互促进作用，即协同效应。因为金属离子是导带电子的清除剂，而有机物则是空穴清除剂，有机物的直接或间接氧化进一步加速了催化剂表面的电荷分离，提高了金属离子对电子的捕获效率，如在水杨酸存在的条件下，Cr^{6+}的还原速率与水杨酸的浓度呈一级关系，考虑到实际污染物体往往是无机物和有机物共存，既有作为电子受体的阳离子又有作为电子给体的有机物，最终要使二者都降解，就必须研究其协同效应。

4. 污染物光催化降解反应过程中的示踪

检测光降解反应的方法有很多，按照分析化学的分类方法可粗分为化学分析法和仪器分析法；按照监测的方式也可分为离线、在线、原位分析法。化学分析法主要用于污染物总的降解效率和 TOD/COD 的测定及初始和终产物浓度的定量分析。对于复杂体系和降解中间体的分析则必须辅之以合适的富集和分离手段才能达到要求。仪器分析的方法被广泛应用于这一领域，如研究 ns(nanosecond，毫微秒)、ps(per second，每秒)级反应过程的 laser-photolysis 技术后续分子光谱分析的方法，是研究瞬态反应机理的有效手段，IPLC/GC-MC 连用可以对复杂体系的多组分得出定性和定量的结果。ESR 谱则给出自由基的信息，对鉴定中间体的光活性和结构十分重要，红外光谱、表面增强激光拉曼光谱、时间分辨荧光光谱等方法从多方位、多角度、原位考查半导体纳米粒子光催化降解反应的机理和过程。

对于大多数有机污染物降解体系而言，一般都经过一系列的中间转换步骤，最终生成 CO_2/H_2O 和无机盐。这些中间产物大都在 UV/Vis 区域有电子吸收光谱，或者具有荧光发射功能基，故分子光谱在研究这一过程时显示出独特的特点和较宽的适应范围。表 5-27 中列出了近几年来用分子光谱分析的方法直接或间接监测中间过程的应用实例。

表 5-27　应用分子光谱手段示踪光催化降解反应中间过程和中间体

光解或光敏化体系	固体催化剂	监测对象	分析手段
氮杂染料的降解	TiO_2	中间体	UV/Vis(紫外/可见光谱)，NMR(核磁共振)
苯硫酚类	纳米 CdS	量子产率	FT-IR(傅里叶红外)，NMR，UV-Vis
Baticsea 海水中有机碳光解	天然金属氧化物	降解速率，中间体	荧光光谱
酚藏红染料	TiO_2	中间体	UV/Vis
硝基酚	TiO_2	中间体	UV/Vis
氯代酚	TiO_2	量子产率	UV/Vis
农药	TiO_2	离线萃取	LC(液相色谱)，UV/Vis
偶氮染料	TiO_2	TOC	UV/Vis
NO_x、SO_x	负载于沸石上的银簇	中间体	UV/Vis
酚	$Pt-WO_3$，WO_3，TiO_2	中间过程，荷移	UV/Vis

通过监测中间体来揭示光降解机理和反应程度是过程监测的主要目的，利用分子光谱技术，如快速差谱扫描技术能够从反应物和产物吸收掩盖下的图谱中将中间体生成的 λ_{max} 和峰形动力学曲线表征出来，结果可给出连串多步反应动力学参数。

三、实验装置及试剂

1. 实验装置

本实验用的装置有：冰浴；电动搅拌器；三口烧瓶(250mL)；滴液漏斗(50mL)；量筒(50mL)；旋转蒸发仪；抽滤装置；马弗炉；研钵；烧杯(250mL)，瓷坩埚(30mL)；UVIKON-941 紫外-可见分光光度计；SFM-25 荧光光谱仪；Philips PW1700 X 射线衍射仪；RTI-30 激光拉曼光谱仪；JEOL-200CX 透射电镜；722 型光栅分光光度计；YFW-3056 笔式记录仪；六通道进样阀；pHS-3C 精密酸度计；玻璃电极；250W 紫外灯。

2. 实验用试剂

钛酸四丁酯，分析纯或 $TiCl_4$，分析纯，99.9%；硝酸铁；聚乙烯醇(PVA)；十六烷基三甲基溴化铵(CTMAB)；六偏磷酸钠(HMP)；巯基乙酸；巯基乙醇，分析纯；无水乙醇；氨水；盐酸；二苯碳酰二肼(DPCB)溶液(取 0.1g DPCB，加入 50mL 乙醇溶解，再加 200mL 1.85mol/L H_2SO_4)；1mg/mL Cr^{6+}溶液；0.1%苯酚；2,6-二甲基苯酚；偶氮胂羧水溶液，其他所用试剂均为分析纯，水为二次蒸馏水。

四、实验步骤及方法

1. 溶胶-凝胶法制备纳米 TiO_2 微粉

取 50mL $TiCl_4$ 或钛酸四丁酯，与同体积无水乙醇小心混匀。冰浴，剧烈搅拌条件下，将加有一定量阻聚剂和稳定剂(PVA，HMP，CTMAB)的 50mL 水滴入上述 $TiCl_4$ 溶液，水解 2h，然后用 12.5%氨水调节至所需的 pH 值(9.0)。减压低温旋转蒸发至大部分凝胶析出，过滤，洗涤，将湿凝胶在 105℃下烘干 3h。冷却，加水反复研细，再过滤，洗涤至无 Cl^- 离子(Ag^+ 检验)。然后在 250℃，300℃，400℃，500℃，600℃，900℃下分别煅烧 1h。研细成微粉即可。

2. 溶胶-凝胶法合成纳米级氧化铁

取 10mL 1.0×10^{-2}mol/L $Fe(NO_3)_3$ 溶液于小烧杯中，加入 10mL 水；另取 80mL 水于另一只烧杯，加入 1.0×10^{-2} mol/L CTMAB 10mL，加热至沸腾时，用胶头滴管将小烧杯中的 $Fe(NO_3)_3$ 溶液加至沸水中(滴加时间为 5~8min)，得红棕色胶体，冷却。在 pHS-3C 酸度计上，以 10% NH_3，1% NH_3 及 1% HCl 调节 pH 值为 4.0，将溶胶在电炉上蒸至约 20mL，转入 30mL 瓷坩埚，置入马弗炉中，500℃灼烧 4h 后，取出，冷却，即得纳米 Fe_2O_3(平均粒径一般为 20~30nm)。

3. 纳米材料性质的表征

(1) 纳米 TiO_2 微粉 X 射线衍射

取适量 TiO_2 微粉放入样品池，选定 X 射线衍射仪的工作参数后进行衍射角 θ 扫描，记录衍射峰，同时在相同条件下做标准锐钛型和金红石型 TiO_2(活性低)样品实验，进行谱图对照，将 X 射线衍射的数据计算后与附表比较。

（2）纳米TiO_2微粉透射电镜

取适量TiO_2微粉样品进行预处理，置于铜网（直径2mm）上，用碳补强火棉胶做支持膜，超声振荡将样品分散，然后放入样品池，在100kV电压下扫描拍摄，将透射电镜图算出后和附表比较。

（3）纳米Fe_2O_3微粉透射电镜

按上述（2）方法进行。

（4）纳米TiO_2微粉表面吸附性能的流动注射在线测定

称取10mg TiO_2纳米微粉装入特制的有机玻璃柱（30mm×2.5mm）中，两端填充少许玻璃棉，旋紧端螺帽。将微柱接入FI流路，泵速调节至2.3mL/min的流量后，1.0μg/mL Cr（VI）离子被恒速定量泵入，经微柱中TiO_2动态吸附后，柱后流出的剩余量与显色剂DPCB在反应盘管内混合生色后进入流通池，540nm波长处测定吸光度A，其$A \sim t$曲线用记录仪记录。再处理转化为$c_{Cr(VI)} \sim t$曲线。由此可测定吸附等温线、吸附量和吸附速率方程。

（5）纳米TiO_2粒子对苯酚、2,6-二甲酚、偶氮染料和Cr^{6+}的表面光催化降解

在恒温石英池中将被降解物分别引入，搅拌条件下进行UV光解。用玻璃电极监测溶液酸度的变化，每隔一定时间（一般为5min）取样2mL，高速离心（或氯仿萃取）后进行紫外快速波长扫描并进行荧光光谱的测定。记录$A \sim \lambda$曲线，并进行差谱扫描，记录$\Delta A \sim \lambda$曲线，同时做Cr^{6+}存在下酚类、偶氮类化合物的协同降解反应实验。

五、实验数据处理

（1）吸附等温线和吸附量推导动力学吸附速率方程。

由流动注射实验的$c \sim t$曲线可得不同温度下的瞬时吸附量Q_t和达到平衡时的吸附量Q_∞，按照Fredillich吸附方程$-\ln(1-Q_t/Q_\infty)=kt$绘制$-\ln(1-Q_t/Q_\infty) \sim t$曲线，可得直线，其斜率为吸附动力学速率常数$k(T)$，并以$\ln k(T)$对温度$T$作图，可求得吸附表观活化能$E_a$。

由光降解实验的UV/Vis吸收光谱和差谱图以及荧光光谱数据，可以得出酚类化合物、偶氮染料的不同种类、不同含量的纳米半导体光催化降解反应的速率方程；对于生成中间体的反应，可以按照中间体的峰形曲线求得中间过程的半衰期，若生成和衰减过程符合一级反应或进行假一级反应处理，则中间体[B]的$c \sim t$关系如式（5-46）所示。

$$[B]t=[A]_0\left(\frac{k_1}{k_2-k_1}\right)[\exp(-kt_1)-\exp(-kt_2)] \tag{5-46}$$

由此可进一步求得k_1和k_2。

（2）制备纳米粒子实验结果及性质表征实验结果。

（3）异相光催化降解反应实验结果。

注：纳米溶胶溶液的吸收波长随粒径的减少而显著蓝移。

六、思考题

（1）纳米材料有什么优缺点？

（2）纳米材料除了用本实验中介绍的几种方法表征以外，是否还有其他方法？

（3）光催化降解的机理是什么？

实验 20 固体超强碱的制备及其性质测定

一、实验目的

（1）了解固体碱的性质，学会制备固体超强碱。

（2）掌握利用非水体系测定固体表面碱强度的方法，了解固体碱的表征技术。

二、实验原理

根据 Bronsted 和 Lewis 的定义，固体酸提供质子或接受电子对；而固体碱则接受质子或提供电子对。固体的酸强度被定义为它的表面将一种被吸附的碱转化为共轭酸的能力，可以用 Hammett 函数 H_o来表示，如式(5-47)所示：

$$H_o = pK_a + \lg[B]/[BH^+] \tag{5-47}$$

式中，$[B]$和$[BH^+]$分别是碱和它的共轭酸的浓度。至于一种固体碱的碱强度可定义为固体碱表面将被它吸附的酸转化为其共轭碱的能力。当一种酸在非极性溶剂中被吸附在固体碱表面时，被转化为它的共轭碱，可用 H_-来表示它的碱强度。一种固体碱 B 和酸性指示剂 AH 的反应如式(5-48)：

$$AH + B = A^- + BH \tag{5-48}$$

固体碱 B 的碱强度 H_-可以表示为式(5-49)：

$$H_- = pK_{BH} + \frac{\lg[A^-]}{[AH]} \tag{5-49}$$

式中，$[AH]$和$[A^-]$分别是指示剂的酸式和共轭碱的浓度。当指示剂的吸附层约 10%为碱式吸附时，即$\frac{[A^-]}{[AH]}$之比达到 0.1 时，肉眼可观察到颜色变化；当指示剂的吸附层约 90%为碱式吸附时，即$\frac{[A^-]}{[AH]}$之比达到 0.9 时，肉眼只能观察到颜色进一步加深。假定碱式吸附达到 50%时，$\frac{[A^-]}{[AH]}=1$，颜色适中，那么 $H_o = pK_a$。

当一种固体酸的酸强度超过了 100%硫酸的强度时（$H_o = -11.9$），我们称它为固体超强酸；对于一种固体碱，当它的碱强度 $H_- \geqslant +26.5$ 时，我们称它为固体超强碱。固体超强碱具有极高的活性和选择性，使反应能在温和条件下进行，不需再对产物精馏，分离容易，同时具有不腐蚀设备等独特的优点。

碱强度的测定是利用 Hammett 指示剂法在非水体系中测定的；碱量可通过二氧化碳程序升温脱附来测定，固体碱的表面碱中心可通过红外光谱来表征。由于负载钾盐和载体之间的相互作用而形成的新物种可通过 X 射线粉末衍射法来表征；表面负载钾盐的分解可通过程序升温分解、热重分析法、NO_x吸收比色法等来实现。

三、实验装置及试剂

1. 实验装置

本实验装置包括：红外光谱仪一台；X 射线衍射仪一台；热重分析仪一台；程序升温脱

附装置一套；真空反应装置一套，如图 5-15 所示。

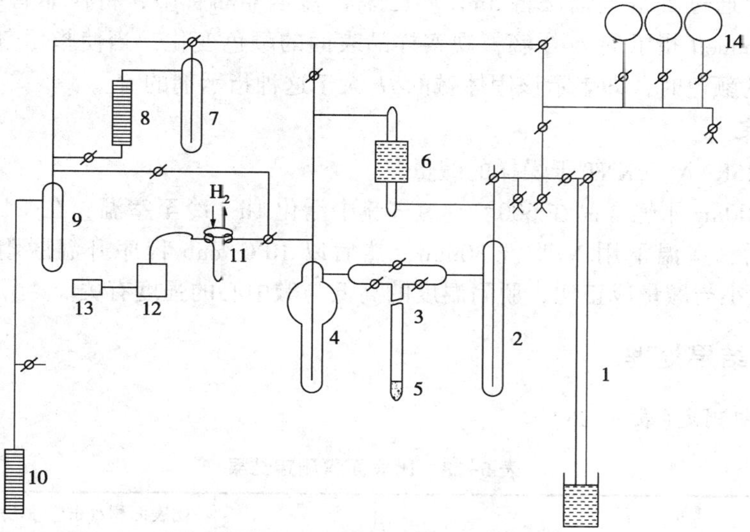

图 5-15 真空反应装置

1—压力计；2，4—缓冲瓶；3—反应管；5—催化剂床层；6—循环系统；7，9—液氮冷阱；8—扩散泵；10—机械泵；11—取样管；12—气相色谱；13—积分器；14—储气瓶

2. 实验用试剂

γ-三氧化铝，分析纯；溴百里酚蓝，分析纯；硝酸钾，分析纯；2,4-二硝基苯胺，分析纯；4-硝基苯胺，分析纯；4-氯苯胺，分析纯；二苯基甲烷，分析纯；异丙基苯，分析纯；液氮；环己烷，分析纯。

四、实验步骤及方法

1. 固体超强碱的制备

（1）干燥样：按质量比为 26% KNO_3 与 74% $\gamma-Al_2O_3$ 的比例混合研磨，再加入适量蒸馏水，研磨成糊状，110℃烘干，样品记为 26KNA。同法以 9% KNO_3 与 91% TiO_2 制备，样品记为 9KNT。制备样品量为 10g。

（2）焙烧样：各取 4g 上述样品，600℃下焙烧 5h。

2. 比表面积测定

测定 $\gamma-Al_2O_3$ 和 TiO_2 的比表面积，采用比表面吸附测定仪进行测定。

3. 表面物种及结构表征

分别测定 26KNA 和 9KNT 干燥样及焙烧样的红外光谱，分析特征峰及归属；测定 26KNA、9KNT 干燥样及焙烧样在 10°~70°范围内的 X 射线粉末衍射图，分析样品焙烧前后物相变化。

4. 热重分析法

分别测定 26KNA、9KNT 样品的 TG 图，温度范围为室温至 700℃。

5. 碱强度测定

分别测定 26KNA、9KNT 干燥样的碱强度。

称取 60~100 目的样品 50mg 置于样品管中，于 500℃下抽空活化 2h 后，冷至室温，在真空反应装置上通过真空蒸馏法将 5mL 环己烷转移至样品管中，将样品管移出真空装置，加入不同的 Hammett 指示剂 2~3 滴，观察样品表面的颜色变化，当使指示剂由它的酸式色转为其共轭碱的颜色时，即表示该固体碱的 H_- 大于这种指示剂的 H_-。

6. 碱量测定

分别测定 26KNA、9KNT 干燥样的碱量。

称取 50~100mg 干燥样品在 600℃、氮气流中活化 1h，冷至室温，在一定的 CO_2 压力下饱和吸附 CO_2 后，室温下用 N_2 吹洗 30min，然后以 10℃/min 程序升温脱附，终温 600℃，CO_2 脱附峰的大小与碱量成正比，脱附温度的高低与碱中心的强度有关。

五、实验结果处理

1. 比表面积测定（表 5-28）

表 5-28　比表面积测定结果

样　品	比表面积/($m^2 \cdot g^{-1}$)
γ-Al_2O_3	
TiO_2	

2. IR 光谱分析

将各样品焙烧前后的特征吸收峰及其归属列入表 5-29 中，推断空气中焙烧引起的变化。

表 5-29　IR 光谱分析结果

样　品		特征吸收峰/cm^{-1}			
26KNA	焙烧前				
	焙烧后				
9KNT	焙烧前				
	焙烧后				

3. X 射线粉末衍射

由各个样品的 X 射线粉末衍射图，将各物相的 2θ 值列于表 5-30 中。

表 5-30　各物相的 2θ 值

样　品	2θ
KNO_3	
γ-Al_2O_3	
TiO_2	
26KNA	
9KNT	

4. 碱强度及碱量测定

将各样品的碱强度及碱量列入表 5-31 中。并从它们碱强度及 CO_2 程序升温（CO_2-TPR）

脱附峰的起始温度、峰值温度、终了温度、脱附峰面积比较样品的碱强度及碱量差异。

表 5-31　各样品的碱强度及碱量

样　　品	碱强度(H_-)	碱　　量		
		起始温度/℃	峰值温度/℃	终了温度/℃
KNO_3				
$\gamma-Al_2O_3$				
TiO_2				
26KNA				
9KNT				

5. 热重分析

由各样品的 TG 图，写出热分解方程式，并与理论失重率相比较。

六、思考题

(1) 比较样品 $KNO_3/\gamma-Al_2O_3$ 和 KNO_3/TiO_2 碱强度差别，试解释原因。

(2) 在 CO_2-TPD 实验中，可能引入的误差有哪些?

实验 21　沸石催化剂的制备与成型

一、实验目的

(1) 掌握离子交换法制备 Y 形沸石催化剂的原理及方法。

(2) 掌握催化剂挤条成型的方法。

二、实验原理

Y 形沸石是目前广泛应用的沸石类型，其结构类似于金刚石的密堆立方晶系结构。若以 β 笼这种结构单元取代金刚石的碳原子结点，且用六方柱笼将相邻的两个 β 笼联结，就形成了八面沸石型的晶体结构(图 5-16)，用这种结构继续连接下去，就得到 Y 型分子筛结构。其主要通道孔径 8~9 Å(1 Å=0.1nm)，硅铝比 1.5~3.0。在八面沸石型分子筛晶胞结构中，阳离子的分布有三种优先占据的位置，即位于六方柱笼中心的 $S_Ⅰ$，位于 β 笼的六圆环中心的 $S_Ⅱ$，和位于八面沸石笼中靠近 β 笼的四元环上的 $S_Ⅲ$。

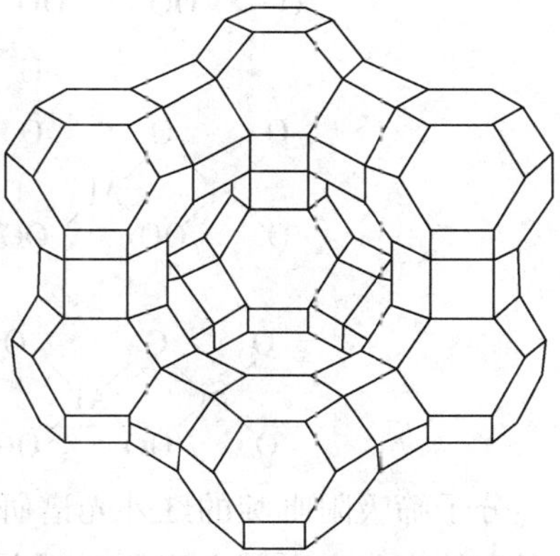

图 5-16　八面沸石型分子筛

Y 形沸石催化剂的制备过程主要由以下几步组成：NaY→离子交换→洗涤过滤→干燥→成型→焙烧→成品。

1. 离子交换

分子筛的离子交换反应一般在水溶液中进行，常用的是酸交换或铵交换。酸交换通常可用无机酸（HCl，H_2SO_4，HNO_3），有机酸（醋酸、酒石酸等）。式（5-50）表示以 HCl 进行交换的反应式：

$$NaY+HCl \rightleftharpoons HY+NaCl \tag{5-50}$$

酸交换时，沸石晶格上的铝也能被 H^+取代成为脱铝沸石，其催化性能会发生变化。

铵交换就是用铵盐溶液对 NaY 进行离子交换，交换时不会脱铝。用 NH_4Cl 溶液交换时，其反应式如下：

$$NaY+NH_4Cl \rightleftharpoons NH_4Y+NaCl \tag{5-51}$$

NH_4Y 在 300～500℃下焙烧，即可转变成具有酸性催化性能的 HY 型。

$$NH_4Y \xrightarrow{\text{加热 } 300\sim500℃} HY+NH_3 \tag{5-52}$$

离子交换反应是可逆的，故必须进行多次交换才能达到较高的交换度。溶液的浓度、交换次数、交换时间、交换温度等因素对钠的交换率都有影响。另外，在离子交换过程中，位于小笼中的钠离子一般很难被交换出来，可进行中间焙烧，使残留的 Na^+离子重新分布，移入易交换位置，然后再用铵溶液交换，这样可以大大提高交换度。

2. 焙烧

焙烧是使催化剂具有一定活性的不可缺少的步骤。把干燥过的催化剂在不低于反应温度下进行焙烧，进一步提高催化剂的活性，保持催化剂的稳定性和增强催化剂的机械强度。

用铵盐交换得到的铵型 Y 形沸石，当加热处理时，铵型变氢型。如将温度进一步提高，则可进一步脱水，出现路易斯酸中心。

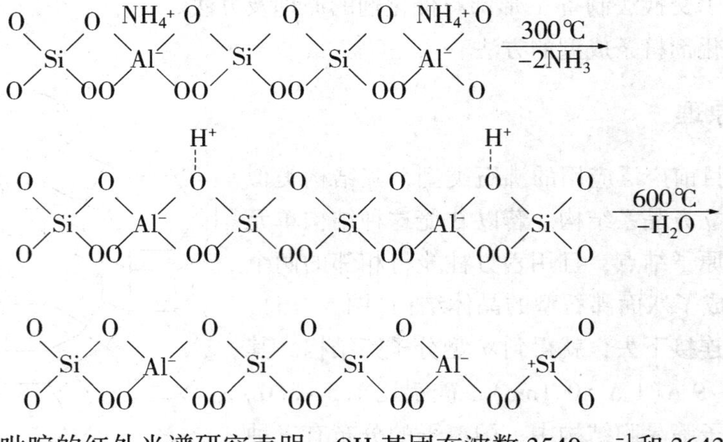

(5-53)

分子筛吸附吡啶的红外光谱研究表明，OH 基团在波数 3540cm^{-1}和 3643cm^{-1}的强度随处理温度的变化和在其上吸附吡啶导致带的消失都证明 HY 分子筛的 OH 基是酸位中心，且 NH_4Y 沸石于 350～550℃焙烧后酸度最大。

3. 成型

工业上使用的催化剂，大多具有一定的形状和尺寸。常用催化剂的形状有球状、粒状、条状、柱状、中空状、环状等。通过离子交换干燥后的分子筛系粉末状，需加入一定量的黏合剂，塑成合适的形状。分子筛粉末和黏合剂要充分混合，在捏合充分使分子筛和黏合剂紧密掺和后，用螺杆挤条机挤条成型。

三、实验装置及试剂

1. 实验装置

实验装置如图 5-17 所示。

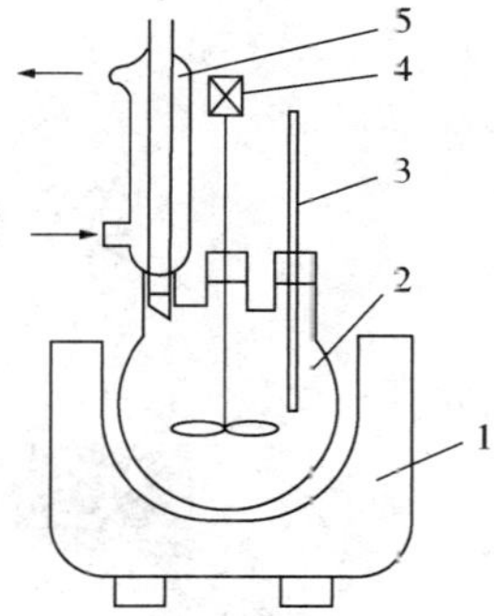

图 5-17　离子交换装置

1—电热套；2—四口烧瓶；3—温度计；4—搅拌器；5—回流冷凝器

2. 实验用试剂

NaY 分子筛；氯化铵，化学纯；蒸馏水；硝酸银，分析纯；黏合剂氧化铝。

四、实验步骤及方法

1. 离子交换

在天平上称取 50g 合成或天然 NaY 分子筛装入四口烧瓶中，用量筒量取预先配制好的 1mol/L NH_4Cl 溶液 500mL 倒入四口烧瓶中。然后将四口烧瓶放入电热套中，装上回流冷凝器，搅拌器、接触温度计、水银温度计，并打开冷却水。启动搅拌器，加热升温，控制温度在 100℃下搅拌反应 1h，然后停止搅拌并降温。卸下回流冷凝器，搅拌器和温度计，待分子筛沉至瓶底后，将上层清液分出，然后重新加入 500mL 1mol/L NH_4Cl 溶液，开始第二次交换，方法步骤同上。第二次交换完成后，待交换液温度降至 40~50℃时，进行过滤和洗涤。

2. 过滤洗涤

将滤纸铺在布氏漏斗内，倒入沉淀液体，抽真空过滤接近滤干时，用 100mL 蒸馏水均匀淋入，继续滤干，关闭真空泵。将滤饼取出，放入 500mL 烧杯内，加蒸馏水 300mL，用玻璃棒将滤饼捣碎进行洗涤，再进行真空抽滤。重复上述操作至取滤液少许于试管中，加 0.1mol/L $AgNO_3$溶液几滴，无白色沉淀出现，即表示滤液中无氯离子，洗涤完毕。取出滤饼放在蒸发皿内置于烘箱中，在 120℃下烘干。

3. 成型

将烘干后的分子筛研细，然后以 4∶1(质量比)的比例加入黏合剂氧化铝，混合均匀后加入少量水进行捏合，捏合充分后将物料放入挤条机中进行挤条成型，成型后的催化剂经烘干后粉碎成一定大小的颗粒，以备活化。

4. 焙烧

将催化剂颗粒放入瓷坩埚内，置于马弗炉炉膛中心。控制温度在 5h 内升温至 500℃±5℃，在此温度下保持 4h，自然降温至 120~140℃时取出坩埚放入干燥器中，以备反应用。

五、实验数据处理

(1) 列出本实验的实验条件和实验数据。

(2) 测出成型后催化剂的外观形状和尺寸。

六、思考题

参考本实验设计 Y 形沸石用稀土离子交换的实验方法，画出实验流程。

第 6 章　研究开发实验

实验 22　Kolbe 法合成水杨酸

一、实验目的

（1）掌握以苯酚为原料制备水杨酸的路线和工艺。

（2）掌握高压釜的使用方法和注意事项。

（3）掌握苯酚成盐、Kolbe-Schmidt 反应、羧酸钠盐酸化等过程特点。

（4）掌握工业上温度与压力的测定、显示与控制。

（5）学习薄层层析、红外光谱和核磁共振分析有机物结构的相关技术。

（6）学习紫外分光光度计的使用方法。

二、实验原理

水杨酸最早是从柳树皮的提取物中得到的，所以又名“柳酸”。1859 年 Kolbe 使用干燥的苯酚钠盐粉末和二氧化碳在 4~7atm（1atm＝101.3kPa）下反应，低成本制得了水杨酸。随后便发展成为目前工业上广泛使用的 Kolbe 水杨酸合成法。

水杨酸是一种含有双官能团的化合物，即酚羟基和羧基。羟基和羧基都能发生酯化，而且还可以形成分子内氢键，从而阻碍酰化和酯化反应的发生。水杨酸是最早的助焊剂原料之一，是合成电子化学品、医药、香料、染料和橡胶助剂等精细化学品的重要原料。它既可作为消毒防腐药，有溶解皮肤角质的作用，治疗局部角质增生及皮肤霉菌感染；又能当作合成药物阿司匹林的原料，阿斯匹林具有解热及抗风湿、镇痛等疗效。

以苯酚为原料制备水杨酸的工艺包括成盐反应、羧化反应和酸化反应过程，反应式如下：

1. 成盐反应

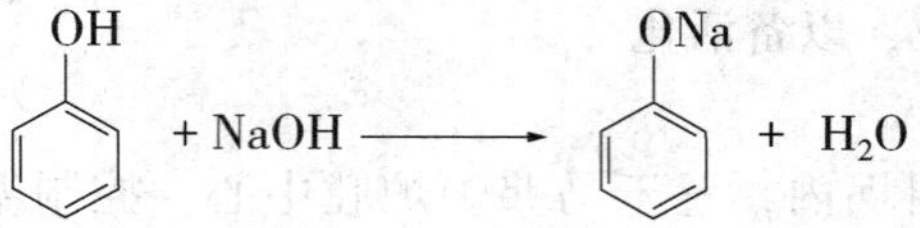

（6-1）

2. 羧化反应

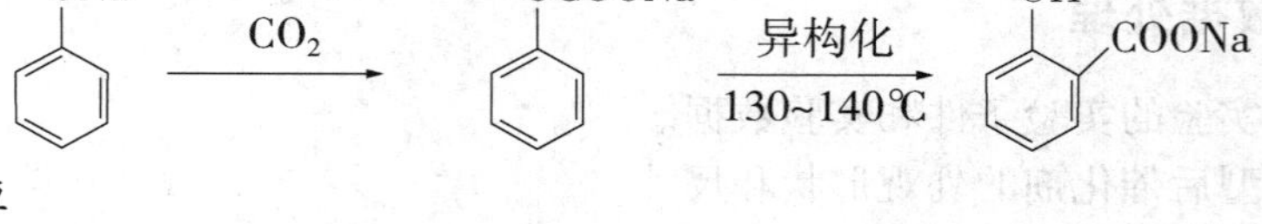

（6-2）

3. 酸化反应

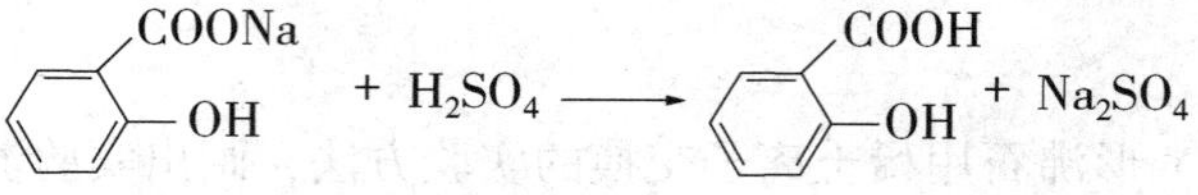

（6-3）

三、实验原材料

实验原材料为：苯酚，化学纯；氢氧化钠，化学纯；二甲苯，化学纯；二氧化碳，99%；硫酸，化学纯。

四、工艺流程图及实验步骤

制备水杨酸的工艺流程如图 6-1~图 6-3 所示。

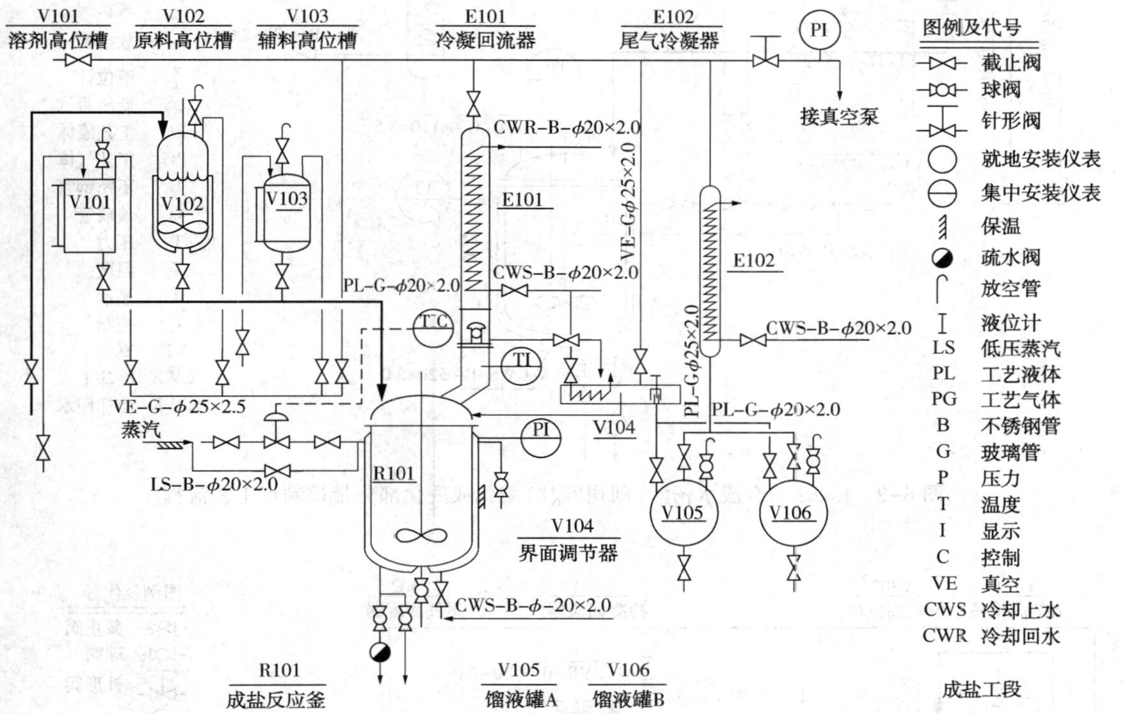

图 6-1　Kolbe 法合成水杨酸(阿司匹林)酚化部分(即成盐工段)带控制点工艺流程

制备水杨酸的工艺包括成盐工段、羧化工段和酸化工段，以及溶剂回收工段(本实验溶剂回收工段步骤略)。按反应工段顺序，具体操作步骤如下：

1. 成盐反应工段

(1) 在配料桶内配制苯酚(1200g)-氢氧化钠(500g)(摩尔比 1∶1.02)-水(5kg)的溶液，搅拌均匀，备用。

(2) 采用真空将溶剂二甲苯(20L)抽入高位槽中，打开高位槽底阀，放二甲苯到成盐反应釜中。

(3) 打开成盐反应釜的搅拌，将上述水溶液加入成盐反应釜中。通蒸汽加热，温度控制在 95℃左右，回流 1h 后。将釜温升至 135℃，以二甲苯为夹带剂共沸脱水(常压共沸点为 92℃，共沸物含水量 37.5%)至分水器中。分水器下层为水，排出；上层二甲苯返回反应釜中。

(4) 反应结束后，停蒸汽，开循环水降温冷却，待釜温降至 40℃以下后，开启成盐反应釜釜底阀，将物料放入苯酚钠储罐用于羧化反应。

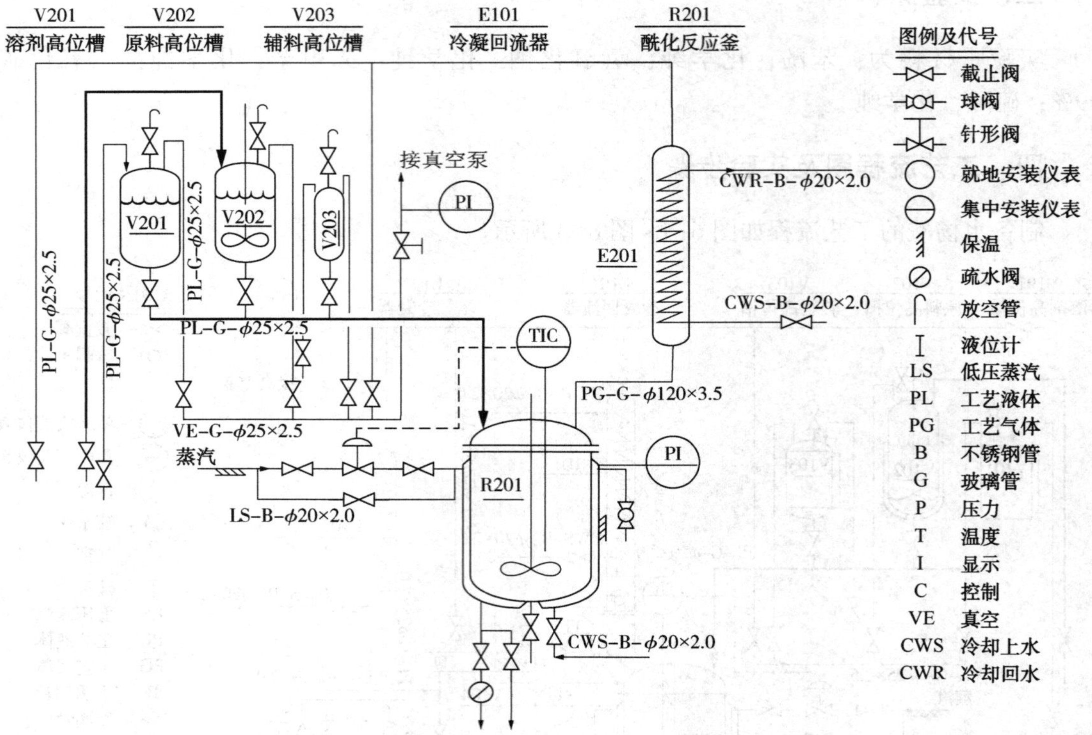

图 6-2 Kolbe 法合成水杨酸(阿司匹林)酸化或酰化部分带控制点工艺流程

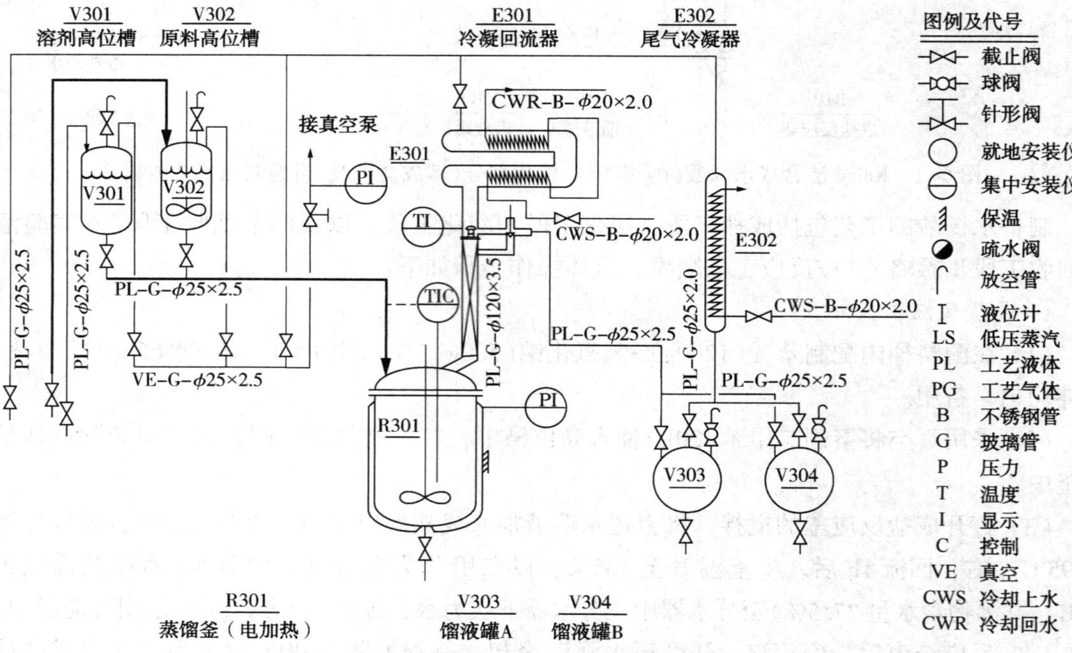

图 6-3 Kolbe 法合成水杨酸(阿司匹林)溶剂回收部分带控制点工艺流程

2. 羧化反应工段

（1）将上述苯酚钠-二甲苯的混合物转入羧化反应釜中，慢慢通入干燥的二氧化碳，排空3次以置换釜内空气。

（2）通入二氧化碳到釜压0.5~0.6MPa，至压力下降不明显，停止通入二氧化碳，开启导热油电加热系统，将釜温升到80℃，待釜压自然降到0.2~0.3MPa后，再通二氧化碳到釜压稳定在0.4~0.5MPa，停止通入二氧化碳。

（3）将反应液加热到130~140℃，此时釜压应在0.6~0.8MPa，保温2h，完成羧化反应。然后降釜温至50~60℃，卸压至常压。料液至室温后，从羧化反应釜底阀放出。

3. 酸化反应工段

（1）上述料液加10L水，充分搅拌。静置分层，分出下层的水杨酸钠水溶液。上层二甲苯混合液用于蒸馏回收二甲苯。

（2）水杨酸钠水溶液投入酸化反应釜中。将质量分数为10%的硫酸水溶液用真空抽入高位槽。开启酸化釜的搅拌，打开硫酸高位槽的底阀，缓慢滴加稀硫酸到酸化釜中，边加边测釜内液体的pH值。至料液pH至2时，停止滴加稀硫酸。

（3）将混合液转移到离心机中，进行固液分离。滤饼在45~50℃真空干燥得产品水杨酸，称重并进行鉴定和含量测定，计算收率。

五、分析方法（水杨酸的鉴定与纯度测量）

1. 水杨酸的鉴定

水杨酸作为添加剂和药物，其安全性受到剂量和质量标准的严格控制。其分析方法一般分为两类，一类是其成品的检验方法。这个方法已标准化，共包含九项，有外观检验、含量测定、初熔点测定等。另一类是指对混合物中（如药物、血液）微量水杨酸的测定，目前水杨酸分析方法的研究主要集中在这一方面。

水杨酸的分析方法，应用最广泛的主要有：滴定法、紫外分光光度法、荧光光谱分析法、气相色谱法、高效液相色谱法（反相）、核磁共振法、毛细管电泳法以及它们之间的联用方法等。其中紫外分光光度法和荧光光谱分析法由于其对设备要求简单，操作简便快速而应用得更广。

（1）外观及其熔点的测定

水杨酸为白色针状结晶或粉末，味甜后变辛辣。熔点158~160℃，沸点约211℃（20mm汞柱）。在空气中稳定，见阳光渐变色，76℃升华，急剧加热时分解为苯酚及二氧化碳。1g水杨酸可溶于460mL水，15mL热水，2.7mL乙醇，3mL丙酮，42mL氯仿，3mL醚，135mL苯和52mL松节油。当有磷酸钠、硼砂、乙酸碱或柠檬酸碱存在时，能增加其在水中的溶解度。其饱和水溶液pH值为2.4；与三氯化铁水溶液生成特殊的紫色。

观察水杨酸粗品的外观、颜色。取升华过的水杨酸精品用b型管进行熔点测定（样品应先在60~65℃干燥2h）。

（2）薄层层析鉴定

取6g硅胶G，加入11mL水混匀后，均匀平铺在约12cm×3.5cm的玻璃板上。在室温下晾干后，于烘箱中105℃活化1h，备用。

将精制水杨酸及水杨酸标准品用少量乙醇溶液溶解，用内径约 0.5mm、管口平整的毛细管点样。点样时原点距离底边、距离两侧边以及点与点之间的距离均应大于 1.5cm。点样量以 30~50μg 为宜，斑点直径不超过 3mm。

以氯仿-乙醇-水(配比为 7.5∶1∶0.5)作为展开剂，展开一段时间后取出晾干。在层析板上喷 0.5%的三氯化铁溶液显色，观察斑点位置并计算 R_f 值。

操作时应注意：层析板浸入展开剂的下端高度不应超过 0.5cm；须将层析缸内的展开剂达到饱和后，再行展开，否则产生边缘效应，使误差变大。

(3) 红外谱图鉴定

用溴化钾压片法对精品水杨酸进行红外谱图鉴定。扫描波长范围为 3700~400cm^{-1}。如图 6-4 所示。

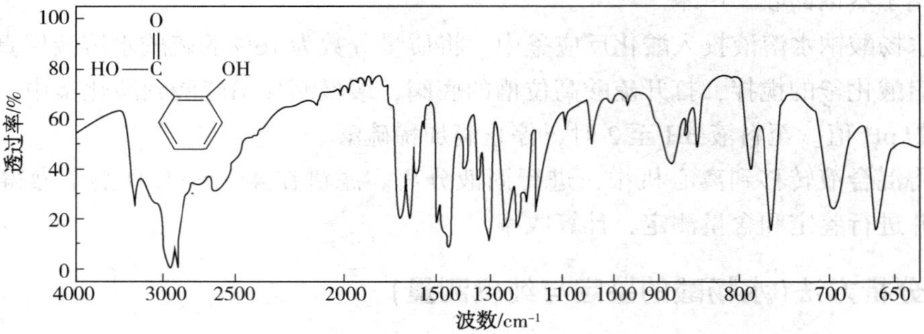

图 6-4 水杨酸的红外谱图

要获得一张理想的红外光谱谱图，除了有一台好的红外光谱仪外，要注意制备样品的方法和技术。

制备样品时要特别注意三点：①样品中不应含游离水，因为水的存在不仅会损坏吸收池，还会干扰试样的吸收面貌；②样品纯度要高，若含杂质，由于它们的光谱重叠，无法分析；③样品的浓度和测试厚度要适当，如控制吸收峰的透射率大都处于 20%~60%范围内，就能得到很好的谱图。

通常制备固体样品常用压片法和糊状法。

所谓压片法，是将 1mg 左右的固体样品与 100mg 左右的 KBr 混合均匀，在玛瑙研钵中研成 2μm 左右的细粉，装填在压膜上下垫片之间，而后在油压机上压成透明的薄片(ϕ13mm)，将此薄片放在固体样品吸收池中进行测定。由于 KBr 极易吸潮，所以要特别注意从制样到获得谱图全过程的干燥操作。

糊状法是指将研细的样品加几滴石蜡油或氟化煤油等糊剂在玛瑙研钵中研成糊状，涂到可拆的液体吸收池的盐片上，再盖上另一盐片，制成均匀的薄层用于测定。

固体样品也可以将其配制成溶液进行测定，其测定方法与液体样品测定法相同。配制溶液时溶剂的选择很重要，一般要求溶剂：①对固体样品有较大的溶解度；②具备在红外光区域内透明；③对固体样品不发生强的溶剂效应；④与固体样品特征峰不重叠以及不腐蚀吸收池的盐片。通常用 CS_2、CCl_4 和 $CHCl_3$ 等作溶剂，视样品而定。溶液的浓度多为 0.05%~1.0%。

液体(含溶液)样品通常使用可拆吸收池。将样品滴在盐片上再盖上另一盐片，借助拧紧吸收池架上的螺丝来夹紧两盐片，使样品形成一薄膜，因此，液体样品法又称薄膜法。

（4）核磁共振谱图鉴定

学生自己查阅。

2. 水杨酸的纯度测量

采用紫外分光光度法对水杨酸样品进行纯度检测。

精密吸取水杨酸标准液（1mg/mL）各 1.00mL、1.25mL、1.50mL、1.75mL、2.00mL，置于 100mL 容量瓶中，用水稀释至刻度，摇匀，制成浓度为 10μg/mL、12.5μg/mL、15μg/mL、17.5μg/mL、20μg/mL 的溶液，以含水杨酸 10μg/mL 的标准液为空白参比液，于 297nm 波长处测量其吸光度，绘出吸光度与水杨酸浓度的关系图，并求得它的回归方程。

精确称取 0.100g 水杨酸样品，置于 100mL 容量瓶中，用蒸馏水稀释至刻度，再精确吸取 1.5mL 此溶液在 100mL 容量瓶中加水稀释到刻度。以含水杨酸 10μg/mL 的标准液为空白参比液，于 297nm 波长处测量其吸光度。通过计算求出其水杨酸的含量，借此得到水杨酸样品的纯度。

另外也可采用高压液相色谱法进行纯度测定。

六、实验结果

（1）水杨酸的外观：____________________；熔点：__________℃。

（2）水杨酸的薄层层析结果：____________________；

红外光谱分析结果：____________________；

核磁共振分析结果：____________________。

（3）水杨酸的纯度。

七、思考题

（1）苯酚成盐反应，反应过程中为什么要用二甲苯共沸脱水？如果改用苯甲醇，或氯苯是否可以？

（2）Kolbe-Schmidt 反应生成的为什么是羧酸盐，而不是酚钠？

（3）红外光谱分析的原理是什么？制备样品应注意哪些问题？

实验 23　原位溶胶-凝胶法制备镍基催化剂及苯加氢制备环己烷

一、实验目的

（1）了解原位溶胶-凝胶法制备催化剂方法与原理。

（2）掌握超细镍基催化剂的制备技术。

（3）熟悉加氢评价装置的结构与操作过程。

（4）了解正己烷催化加氢脱烯烃和芳烃等杂质的原理。

（5）掌握气相色谱的分析原理和基本操作。

二、实验原理

溶胶-凝胶法是20世纪60年代发展起来的一种制备功能陶瓷粉料的方法，近年来作为超微粒粉体的有效制备方法受到重视。一个呈液态分散高度均匀的体系溶液或溶胶经化学或物理方式的处理整体转变成一个呈类固态分散高度均匀的体系凝胶的过程称为溶胶-凝胶过程，利用这过程来合成或制备材料称为溶胶-凝胶法。它利用金属无机盐包括配合物或醇盐水解构成溶胶、凝胶，再经过热处理就得到了超微粉体。溶胶-凝胶法中涉及溶胶和凝胶两个概念。所谓溶胶是指分散在液相中的固态粒子足够小(1～100nm)，可以通过布朗运动保持无限期的悬浮；凝胶是一种包含液相组分且具有内部网络结构的固体，此时的液体与固体都呈现一种高度分散的状态。该反应过程易于控制，热处理温度低，水解反应可以均匀和分布发生，并能达到原子或分子水平，非常适合于高活性复合组分粉体的制备。

溶胶-凝胶法以其温和的反应条件和灵活多样的操作方式，在制备功能材料方面表现出巨大的潜力。溶胶-凝胶法的基本特点：①较低的反应温度，一般为室温或稍高温度，大多数活性组分可以引入此体系中并保持其物理和化学性质；②由于反应从溶液开始，各组分的比例易得到控制，且达到分子水平上的均匀；③由于不涉及高温反应，能避免杂质的引入，可保持最终产品的纯度；④可根据需要，在反应的不同阶段制取薄膜、纤维或块状等功能材料。

1. 硅酸乙酯水解液水解原理

正硅酸乙酯分子式$(C_2H_5O)_4Si$。工业硅酸乙酯中不但含有正硅酸乙酯，还有其他类型的缩聚产物，化学通式$(C_2H_5O)_{2(n+1)}Si_nO_{n-1}$，$n=1, 2, 3, \cdots, 6$。并按$n$值来命名聚合物，如$n=1$为单乙酯，$n=2$为二乙酯，依此类推。$n$越大，其中$SiO_2$含量越多。国内生产的硅酸乙酯大多含30～34% SiO_2，可把它称为硅酸乙酯32。

硅酸乙酯本身并不是溶胶，不能起黏结剂作用，必须经过水解成为水解液才具有黏结能力。所谓水解反应就是硅酸乙酯中乙氧基(C_2H_5O)逐步被水中的(—OH)所取代，而取代产物又不断缩聚的过程。

正硅酸乙酯的溶胶-凝胶过程可分为三步，第一步是正硅酸乙酯水解形成羟基化的产物(单硅酸)和相应的醇，即水解反应；第二步是硅酸之间或硅酸与正硅酸乙酯之间发生缩合反应形成胶状混合物；第三步由此前形成的低聚合物进一步聚合形成长链三维扩展网络结构，称为聚合反应。需要指出，实际反应中的水解和缩合往往同时进行，这两步生成的混合物为溶胶，第三步聚合构成巨大的三维Si—O—Si网络结构称为凝胶，可以概括为“水解-缩合-聚合”的过程。

2. 钛酸丁酯的水解

钛酸丁酯在酸性条件下，在乙醇介质中水解反应是分步进行的，总水解反应表示为下式，水解产物为含钛离子溶胶，与正硅酸乙酯水解相同。

$$Ti(C_4H_9O)_4+4H_2O \xlongequal{} Ti(OH)_4+4C_4H_9OH \tag{6-4}$$

一般认为，在含钛离子溶液中钛离子通常与其他离子相互作用形成复杂的网状基团。上述溶胶体系静置一段时间后，由于发生胶凝作用，最后形成稳定凝胶。

$$Ti(OH)_4+Ti(C_4H_9O)_4 = 2TiO_2+4C_4H_9OH \tag{6-5}$$

$$Ti(OH)_4+Ti(OH)_4 = 2TiO_2+4H_2O \tag{6-6}$$

在溶胶-凝胶法制备过程中，由于胶体粒子具有巨大的比表面能，有自动聚结的趋势，从而形成团聚。此外，凝胶颗粒表面上的自由水分子与自由羟基形成了氢键，当颗粒彼此紧密接近时，产生桥接作用而进一步形成硬团聚。

在硝酸镍负载在正硅酸乙酯、钛酸丁酯水解产生的凝胶（TiO_2-SiO_2）中，烘干、煅烧后，硝酸镍分解为 NiO，从而制备了 NiO/TiO_2-SiO_2催化剂前驱体，成型加工后，即为超细镍基催化剂。

用于食品萃取剂的正己烷中要求基本不含芳烃。而工业上生产的正己烷馏分中含有烯烃和少量芳烃。通过加氢精制可显著降低其中的烯烃和芳烃。本实验采用固定床作为催化剂评价装置，探索催化剂的制备条件对产物转化率的影响。

三、实验装置和试剂

1. 实验装置

磁力搅拌器，2 套；烧杯：250mL，5 只；量筒：10mL、50mL 各 1 只；药匙，1 个；一次性滴管，若干；培养皿，1 个；坩埚，1 个；温度计（0~100℃），1 支。

催化剂成型挤出装置：挤条机；马弗炉；烘箱；不锈钢筛。

采用的加氢评价装置属于小型固定床反应器，用于研究评价各种加氢催化剂的性能，包括加氢脱硫、加氢脱氮、加氢脱氧、苯加氢、烯烃饱和、油品精制等催化剂。装置配置两个气路，一个液路。

本次实验采用的是 5mL 装填量的固定床反应器，此套装置由五大系统组成：液体进料系统、气体进料系统、反应系统、冷凝分离系统、尾气自动排放系统与计量系统。气体进气量采用质量流量控制器精密控制，液路采用精密计量泵控制进料量。反应炉分为预热段、恒温段和保温段三部分，预热段是给原料预热气化的，其加热温度根据加氢原料自身性质来设定。装置设计了三段温度控制以此确保反应温度的稳定。实验流程示意见图 6-5。

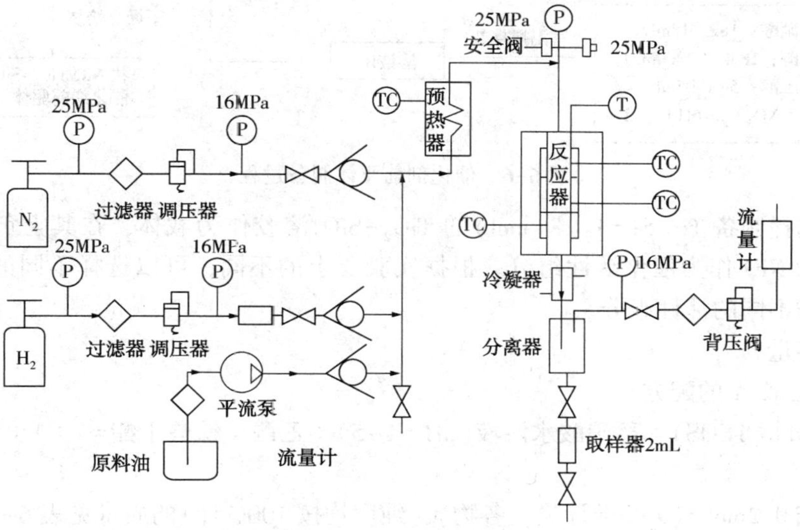

图 6-5　加氢实验装置流程示意

2. 实验试剂

(1) 正硅酸乙酯(化学纯); 钛酸丁酯(化学纯); $Ni(NO_3)_2 \cdot 6H_2O$(化学纯); 硝酸(化学纯); 无水乙醇(化学纯); 乙二醇(化学纯); 去离子水。

(2) SB 粉(工业级、化学纯), 大孔 Al_2O_3(工业级、化学纯), 田菁粉(工业级、化学纯), 乙酸(化学纯), 柠檬酸(化学纯)。

(3) 正己烷, 分析纯; H_2, 99.9%; 催化剂: 镍基超细催化剂, 用量 3mL; 石英砂, 分析纯, 40mL。

四、实验步骤及方法

本实验催化剂制备过程分两部分: 催化剂活性前驱体制备及催化剂成型。

1. 催化剂活性前驱体制备

以正硅酸乙酯、钛酸丁酯、硝酸镍为原料, 用改进的原位溶胶-凝胶法制备不同 Ni 担载量的 NiO/TiO_2-SiO_2催化剂。制备过程如下: (正硅酸乙酯+钛酸丁酯): 无水乙醇: 稀硝酸(pH=4~5)以一定比例进行水解、缩聚, 得到 TiO_2-SiO_2溶胶 A(放置 1~2 天); 将稀硝酸(pH=4~5)、乙醇、乙二醇按一定比例配制, 溶解一定量的 $Ni(NO_3)_2 \cdot 6H_2O$(由催化剂中的镍含量确定), 室温下搅拌 2h(至少 80min), 形成 B 溶液。

在恒温搅拌状态下, 将溶液 B 加入溶胶 A 中, 持续恒温搅拌, 直至生成黏稠状绿色透明的湿凝胶。湿凝胶经 105℃ 干燥后放入马弗炉, 550℃ 焙烧 4h, 得到块状催化剂前驱体 NiO/TiO_2-SiO_2。前驱体样品经粉碎、筛分后进一步成型(前驱体的苯加氢活性更高)。

催化剂前驱体制备过程见图 6-6。

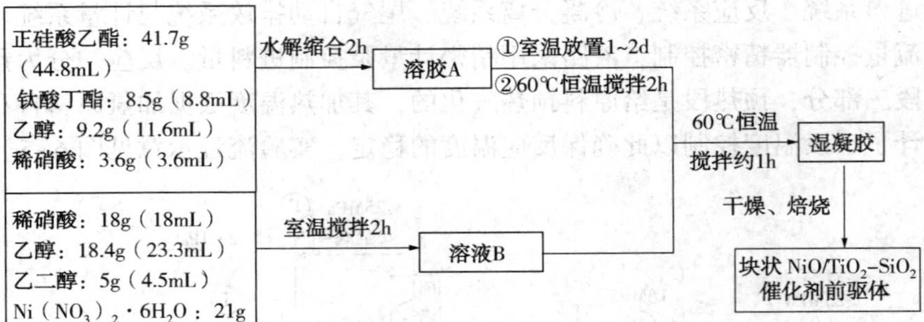

图 6-6 催化剂前驱体制备过程

本实验选择制备 Ti : Si = 1 : 8(mol) 的 TiO_2-SiO_2溶胶作为载体, 在其上负载质量分数 28%(质量)的 NiO 作为催化活性组分。根据实验要求的不同, 可以选择不同的钛硅比, 也可以选择负载不同的活性组分。

(1) 投料量

① 已知溶胶 A 的配方。

正硅酸乙酯(TEOS) : 稀硝酸水溶液(pH=4~5) : 乙醇 : 钛酸丁酯=1 : 1 : 1 : 0.125(摩尔比)。

本实验按 0.2mol SiO_2基准计量, 各物质(纯度均按 100%计)的质量见表 6-1。

表 6-1 溶胶 A 中物质的质量

物质	正硅酸乙酯	稀硝酸	乙醇	钛酸丁酯
质量/g	41.7(约 44.8mL)	3.6(3.6mL)	9.2(约 11.6mL)	8.5(约 8.8mL)

② 已知溶液 B 的配方。

以 A 溶胶中 SiO_2的 1mol 数为基准：5(稀硝酸水溶液，pH=4~5，mol)：2(乙醇，mol)：0.4(乙二醇，mol)。

活性组分 NiO 占总催化剂量的 28%(质量)，即 $NiO\% = \frac{w_{NiO}}{w_{NiO}+w_{SiO_2}+w_{TiO_2}} = 28\%$

按 0.2mol SiO_2计量，各物质的质量见表 6-2。

表 6-2 溶液 B 中物质的质量

物质	$Ni(NO_3)_2 \cdot 6H_2O$	稀硝酸	乙醇	乙二醇
质量/g	21	18(18mL)	18.4(约 23.3mL)	5(约 4.5mL)

(2) 催化剂前驱体制备过程

① Ti-Si 溶胶(溶胶 A)制备过程(两步水解法)。

取稀硝酸水溶液(pH=4~5)3.6g，乙醇 9.2g 倒入烧杯中，开始搅拌，称取 TEOS 41.7g，室温下用滴管滴加(线流)到该乙醇水溶液中，5min 左右滴加完毕，请注意，滴加速度的快慢以不出现浑浊液为标准，滴加完毕后，再搅拌 2h。(注意：上述过程体系微微升温。)

称取钛酸丁酯 8.5g，用滴管把钛酸丁酯滴加(线流)到步骤①制备的液体(保持搅拌)中，约 5min 滴加结束，继续搅拌 20min，结束。

注：上述溶胶 A 放置在器皿中，室温保存一二天，时间长一点，水解效果更好。因此，本溶胶 A 为下次同学使用，本次实验的溶胶 A 是上次实验同学所制备完成的。

② 溶液 B 制备过程。

称取 $Ni(NO_3)_2 \cdot 6H_2O$ 21g 加到烧杯中，加入稀硝酸水溶液(pH=4~5)18g、乙醇 18.4g、乙二醇 5g，溶解 $Ni(NO_3)_2$，室温下搅拌 2h，形成溶液 B。

(3) 成胶过程

取上述溶胶 A，在恒温水浴(60℃)搅拌 2h，继续水解。取步骤②所制的溶液 B，用滴管(线流)滴加到溶胶 A(60℃，保持搅拌)中，滴加时间约为 5min，一直搅拌到旋涡不再出现，有微小气泡出现为止(约 1h)，该溶胶-凝胶像果冻状胶，倒入培养皿中。

(4) 室温晾干

上述溶胶-凝胶室温晾干(2~3d)。

(5) 烘干过程

上述溶胶-凝胶分别在 60℃、80℃和 105℃的烘箱中各烘 1 天，使硝酸镍分解为氧化镍，有部分 NO_x气体产生。

(6) 煅烧过程

烘干后，催化剂在马弗炉中 550℃煅烧 4h 即得块状催化剂活性组分(NiO/SiO_2-TiO_2)。

2. 催化剂成型(选做)

上述 NiO/SiO_2-TiO_2催化剂前驱体原料在一定外力作用下互相聚集，制成具有一定形状、大小和强度的固体颗粒的单元操作过程属于催化剂的成型过程。成型过程中根据粉体性能，常添加少量的某些物质，以改善成型粉体的附着性、凝集性，达到满意的成型效果。这些物质称为成型助剂，分为黏结剂、润滑剂、孔结构改性剂等，比如由于作为载体的 TiO_2-SiO_2中的 SiO_2为惰性物料，成型时必须掺入适量的成型助剂才能顺利完成。

选用化学黏结剂，化学黏结剂的作用是借用它的组分之间发生化学反应或黏结剂与物料之间发生化学反应，从而增加物料粒子间的黏结强度。

本催化剂选用的化学黏结剂为 Al_2O_3粉体与水，稀硝酸、硝酸中加乙酸与柠檬酸所混合形成的复合型黏结剂(铝溶胶，硅溶胶效果可能会更好)。Al_2O_3的含量是催化剂粉体质量的约 25%，此处 Al_2O_3粉体是 SB 粉(拟薄水铝石相，固含量按 70%计算)，也可以用大孔 Al_2O_3粉体(固含量按 70%计算)。

选用田箐粉为润滑剂，可使粉体层承受的压力很好地传递，成型压力均匀及产品容易脱模，并使壁和壁之间摩擦系数变小。

孔结构改性剂，在成型的混捏过程中加入少量聚乙二醇，可降低堆密度，增加孔体积。

(1) 投料量

以 25g NiO/SiO_2-TiO_2催化剂粉体为例，Al_2O_3粉体相应取 8. 9g(SB 粉与大孔 Al_2O_3粉体各一半)，田箐粉取 0. 18g，硝酸取 0. 25g(3mol/L)，乙酸取 0. 65g，柠檬酸取 0. 36g，0. 15mol/L 稀酸约 10g。

(2) 挤条成型步骤

用球磨机细磨块状催化剂活性组分(NiO/SiO_2-TiO_2)，筛选 300 目以下的粉体(25g)置于大钵内，先加入计算量的田箐粉、SB 粉、大孔 Al_2O_3粉体，充分混合。

硝酸、稀酸、柠檬酸，乙酸混合于小烧杯里，用滴管缓慢少量地滴入粉体内。(滴加必须谨慎，过量则使湿物料过稀，无法捏合成一整体)

对已润湿的粉体充分挤压混捏，捏合成充分团聚在一起的湿物料，然后送入挤条机，粉体以与模具孔板开孔相同的截面形状从另一端排出。

成型后的催化剂，送入烘箱 105℃恒温烘 3h，最后送入马弗炉以 550℃中温焙烧 4h，得到超细镍基加氢催化剂。

3. 加氢催化剂评价实验

加氢催化剂评价实验主要分为固定床加氢实验和产物气相色谱检测实验，具体步骤如下:

(1) 催化剂装填

先将反应器用乙醇清洗几次并烘干。装填时在反应管上先将反应器恒温段用粉笔标出，装入石英砂，采用边装边敲击反应器外壁的方式，使石英砂填装紧实。石英砂装至反应器恒温段下端，则再装入催化剂，同样需敲击反应器外壁，使之装填紧实、均匀。装至恒温段上端(恒温段 6cm)，再装填石英砂，用同样方法，装填至反应器充满。反应器中共装入 40g 石英砂。然后将反应器装入加氢装置的保温夹层中，合上保温夹套，连接好上、下接管，把热电偶插入反应器恒温段中部，即为催化剂装填完毕。

（2）装置试漏

对连接好的固定床加氢装置进行检漏。打开氮气钢瓶总阀和分压阀，打开装置进气阀、尾气出口阀，待整个系统达到一定压力后（尾气出口用管道连接放置在水中，有气泡出来即装置压力稳定）关闭钢瓶总阀，关闭进气阀和尾气出口阀。用肥皂水检查各部件连接处，如无漏气，则可以关闭氮气进气阀，切换氢气进行加氢实验。

（3）加氢精制实验步骤

加氢工艺参数有温度、空速、压力、氢油体积比。该催化剂的反应压力设定为：0.4MPa；反应温度：80~160℃；空速：0.5~5h^{-1}；氢气流量：按 H_2：正己烷>3 计算。反应工艺参数手工设定。具体实验步骤如下：

① 打开氢气钢瓶总阀和分压阀，打开氢气进气阀和尾气出口阀。打开总电源、预热器温控电源、反应器温控电源 1、2、3。

② 对各温度进行设定。预热器温度 30℃，反应器温控 1、2、3 均为 30℃。根据实验需要设置反应压力；气体流量根据氢油比进行相应设置。

③ 原料进料流量设置。打开进料泵，依据空速设置进料流量，按"Run"进料。

④ 当各温度达到预设温度后，依次增加设定温度，缓慢升温，直至各温度达到实验要求。同时相应地调节反应压力到所需数值。

⑤ 当系统各参数达到实验所需数值时，先反应 1~2h 后，再出料，将装置开机以来的产品从系统中排出；然后再反应 1h，取样分析该条件下加氢精制产品的碘值和芳烃含量（本次实验原料中不含烯烃）。反应时间按照进料量可以进行相应的更改。

⑥ 改变相关实验条件，可进行下一次加氢实验。

⑦ 实验结束后，先将预热器温控、反应器温控 1、2、3 设为 30℃，关闭预热器温控、反应器温控 1、2、3 的电源开关。打开反应器保温夹套，待反应器温度降至 150℃以下，关闭原料油进样泵和总电源。最后关闭氢气钢瓶总阀，关闭进气阀和尾气出口阀。

4. 色谱操作

（1）色谱分析条件

采用氢火焰检测器；毛细管检测柱，PEG 20W（0.5m×ϕ0.32m×30m），最高使用温度为 200℃；氮气钢瓶分压为 0.4MPa，氢气钢瓶分压为 0.25MPa，空气钢瓶分压为 0.3MPa。色谱仪上载气 I（氮气）柱前压：0.06MPa；氢气柱前压：0.07MPa（点火时调至 0.1MPa）；空气柱前压：0.07MPa。柱温：65℃；进样器：180℃；检测器：180℃。进样量为 0.2μL。

（2）开机顺序

① 先打开氮气和氢气钢瓶的总阀和分阀，分压分别为：氮气，0.4MPa；氢气，0.25MPa。调节色谱仪上载气 1（氮气）柱前压为 0.06MPa；氢气柱前压为 0.07MPa。

② 打开色谱仪电源开关（位于仪器右侧后下方）。

③ 仪器面板上的屏幕显示"欢迎进入气相色谱系统"界面。按面板上的"菜单"可进入各种参数的设置。

④ 温度控制：柱箱温度设定，输入温度数值后，按"确定"；并用面板上的水平箭头，

将光标调至后面的位置，输入“1”，设置为“开”(输入“0”则为“关”)。同样方法设置进样1(FID)、检测器(FID)等温度。

⑤ 温度控制设置完成后，按面板上的“菜单”，按水平方向的箭头进入检测器设置界面，选用FID检测器。

⑥ 打开计算机，点击桌面上的N2000色谱工作站的“On-line”快捷键，进入工作站界面，勾选通道1为FID检测器。

⑦ 对于FID检测器：当温度升至各设定值后，打开空气钢瓶的总阀和分阀，分压为0.3MPa，色谱仪上空气压力调至0.07MPa。将色谱仪上氢气的柱前压调至0.1MPa，用点火枪点火。此时查看通道1数据采集界面上的基线，若氢火焰点着，那基线上有明显的强峰出现，且氢火焰已点着后，调节前检测调零旋钮(位于仪器右侧后下方)，基线同步变化。

⑧ 样品分析

对于FID检测器(通道1)：进样量为0.2μL，氢火焰点着后，即可进样，并在色谱处理软件的数据采集界面，点击“采样开始”，待所有峰出来并积分后，点击“采样结束”。可以直接打印色谱分析结果。

⑨ 所有分析结果均自动保存在“D：\浙江智达\N2000\样品”目录下。要查看，需点击电脑桌面上的“Off-line”分析快捷键进入。

⑩ 样品分析结束，关闭电脑。在色谱仪面板上按“菜单”键，进入温度控制界面，将各温度设置后的“开”分别输入“0”和“确定”，显示为“关”后，仪器会自动打开后门开始降温，当柱箱温度降到60℃以下后，即可关闭色谱仪电源，并关闭所有气体钢瓶的总阀。

五、实验数据记录与处理

(1) 计算本实验 NiO/SiO_2-TiO_2催化剂前驱体的理论收率。

(2) 具体计算上述催化剂制备及成型过程中各物质的量。

(3) 产品分析：采用气相色谱分析，结果由色谱处理机打印。

(4) 正己烷中含有的少量苯加氢还原为环己烷，其相对校正因子见表6-3。

表6-3　反应体系的校正因子

组分	校正因子值
苯	1.0
正己烷	1.1
环己烷	1.05

(5) 根据不同温度、空速、氢/油比，取样分析的产品组成，绘制苯加氢的转化率、选择性与温度、空速、氢/油比的关系图。

六、思考题

(1) 改变催化剂中Ni的含量，对正己烷加氢精制去芳烃的催化剂活性有何影响?

(2) 原位溶胶-凝胶法除了制备镍基催化剂外，是否可用于制备其他催化剂，具体用在哪些反应体系?

(3) 结合催化课程所学内容，试述本装置的使用原理，除可以采用正己烷加氢外，还可以进行哪些类型反应的实验研究？

(4) 简述正己烷催化加氢精制脱芳烃的原理，分析处理实验的结果。

实验 24　CO_2电还原制合成气

一、实验目的

(1) 了解 CO_2电化学还原前沿技术的重要意义和发展前景。

(2) 熟悉 CO_2电还原过程制合成气全系统的操作方法。

(3) 掌握高效 CO_2电还原催化剂的制备及作用要点。

二、实验原理

维持当今社会和经济发展的能源有 80%仍是来源于化石燃料，在减少化石燃料使用和开发新能源的同时，进行 CO_2资源化利用是解决能源与环境问题的有效途径，也是目前国际和国内学者的研究重点和热点。二氧化碳（CO_2）是一种重要的 C_1资源，利用电化学方法可以将其转化为高附加值化学品或燃料，是实现碳循环的重要途径。这不仅能够缓解温室效应，还可以减少对传统化石燃料的依赖，符合可持续发展的要求。二氧化碳电催化还原机理见图 6-7。

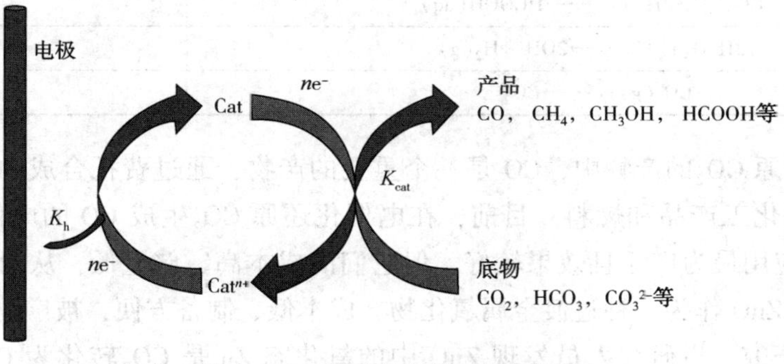

图 6-7　二氧化碳电催化还原机理

电化学还原 CO_2是一个多步反应过程，可涉及 2、4、6、8、12、14 或 18 电子反应途径，通常包括以下四个步骤：①CO_2在催化剂表面的溶解和吸附；②CO_2得到一个电子还原为 $CO_2^{\cdot -}$自由基；③$CO_2^{\cdot -}$自由基进一步地进行电子/质子转移产生目标产物；④产物从催化剂表面脱附进入电解液或气态产物从电解液中逸出。在离子液体、水溶液、有机溶液中发生的 CO_2转化过程，总体的催化还原机理如图 6-7 所示。在电催化还原过程中，CO_2可以直接在阴极催化剂上获得电子进行催化加氢，制备各种高附加值化合物，实现 CO_2的资源化利用。CO_2的转化过程存在多种途径（表 6-4），且产物多样化。一般来说，电催化还原 CO_2过程中的产物不是单一物种，而是混合物，反应活性以及产物选择性与电催化剂、电解质溶液、体系施加电压、温度、压力和 pH 值等因素有很大关系。如表 6-4 所示，涉及少量电子

转移的 CO_2还原反应需要较低的还原电位，更容易发生，主要生成 CO 和 HCOOH；而涉及多电子转移产物，例如 CH_4、CH_3OH、CH_3OH 等，则需要更高的还原电位。这主要是因为随着反应中电子转移数的增加，反应需要的能量也会增加，因此使反应发生的难度加大。此外，析氢副反应也对 CO_2 还原反应的效率有很大影响。析氢副反应所需的电位（$E=-0.41$ V vs. NHE）远低于 CO_2活化所需的电位，因此，有效地降低析氢副反应的发生，有利于提高 CO_2还原反应的效率。

利用电化学的方法将 CO_2转化为高附加值化学品是缓解温室效应和能源危机的有效途径之一。根据文献报道，利用不同种类的电催化剂可以在水溶液中进行电催化还原 CO_2反应，但这些反应通常存在着产物选择性差和反应活性低的问题。其中，水溶液中质子的还原与 CO_2的还原形成竞争，会降低产物的选择性；而 CO_2在水溶液中的溶解度较低，会影响 CO_2的传质能力，从而降低电催化还原 CO_2的活性。因此，设计高效的电催化体系对电催化还原 CO_2至关重要。

表 6-4　电化学 CO_2还原的平衡电位

电化学反应	电位/V（vs. NHE，pH=7）
$CO_2(g)+8H^-+8e \longrightarrow CH_4(g)+2H_2O(I)$	−0.24
$2CO_2(g)+9H^-+12e \longrightarrow C_2H_5OH(I)+3OH^-(I)$	−0.33
$CO_2(g)+6H^-+6e \longrightarrow CH_3OH(aq)+H_2O(I)$	−0.38
$CO_2(g)+4H^-+4e \longrightarrow HCHO(g)+H_2O(I)$	−0.48
$CO_2(g)+2H^-+2e \longrightarrow CO(g)+H_2O(I)$	−0.53
$CO_2(g)+2H^-+2e \longrightarrow HCOOH(aq)$	−0.61
$2H_2O(I)+2e \longrightarrow 2OH^-+H_2(g)$	−0.41
$CO_2(g)+e \longrightarrow CO_2^-$	−1.90

在电催化还原 CO_2的产物中，CO 是一个重要的产物，通过费托合成的方法可以制备多种高附加值有机化工产品和燃料。目前，在电催化还原 CO_2生成 CO 的电催化剂中，Au 和 Ag 基纳米材料应用最为广泛且效果较好，但它们的成本高、储量低，从而限制了这些材料的大规模应用。ZnO 作为一种过渡金属氧化物，成本低、制备方便，被广泛用于电催化还原 CO_2制备 CO 的研究。有研究人员发现 ZnO 中的氧化态 Zn 是 CO_2转化为 CO 的主要活性位点，能够稳定 CO_2中间体，促进产物的生成。催化剂中的氧空位可以增强与 CO_2的结合能力，降低 CO_2活化的能量，有助于提高反应的活性。此外，文献报道表明，ZnO 纳米催化剂中氧化物或氧缺陷的存在有助于增强其与 CO_2及反应中间体的结合能力，显著提高了反应的催化活性。

本实验利用电化学沉积法制备 ZnO(OH)/CFP-x 电极，并以此作为阴极，电催化还原 CO_2为 CO 和 H_2。

三、仪器、材料和试剂

仪器：Flow Cell 系列气体扩散电解池装置、电子天平、水浴锅、超声波清洗器、电化学工作站、电解池、三电极体系、红外干燥灯、加热搅拌器、气体流量计、气相色谱。

材料：Nafion 112 膜、炭纸（CFP）、药匙、一次性滴管、烧杯、石英培养皿、镊子、容量瓶、磁力搅拌子等。

试剂：六水合硝酸锌、氯化钾、碳酸氢钾、过氧化氢、无水乙醇、硫酸、尿素、氟化铵、炭黑、Nafion 溶液、柠檬酸钠、氯化铜、氯化亚锡、氯化锌。

四、实验步骤

1. 实验准备

(1) 炭纸的预处理

炭纸的预处理：选用乙醇和去离子水作为清洗剂，将 CFP 利用超声辅助法处理 10min，再将 CFP 浸没在 0.5M H_2SO_4溶液中超声辅助处理 15min，随后使用去离子水冲洗去除杂质，干燥后备用。

(2) 阳离子交换膜的预处理

取一个烧杯，向里面加入 10mL 预先配制好的双氧水溶液（浓度 30%）和 90mL 的超纯水中，水浴 80℃加热处理 1h，1h 后把烧杯之中的液体倒掉，并加入 50mL 去离子水继续进行水浴加热 2h，温度为 80℃。最后用去离子水洗净至中性后，放在碳酸氢钾溶液中保存，备用。

(3) 电解液的配制

电沉积过程使用的电解液为 0.05M $Zn(NO_3)_2$与 0.1M KCl 混合溶液；测试过程使用的电解液为 0.1M $KHCO_3$溶液。

2. 催化剂制备

方案一：

ZnO(OH)/CFP-x 电极的制备：ZnO(OH)/CFP-x 电极采用电化学沉积的方法制备，电沉积过程中的电解液为 0.05M $Zn(NO_3)_2$与 0.1M KCl 混合溶液，阳极材料为铂片，阴极材料为炭纸（CFP）基底，参比电极为 Ag/AgCl 或饱和甘汞电极。电沉积在温度 70℃、电压-1.2V vs. Ag/AgCl 的条件下进行，电沉积时间为 600s。反应结束后，将电极取下，用蒸馏水和乙醇交替洗涤三次后，红外干燥等干燥 10min。最后所获得的材料为 ZnO(OH)/CFP-x（x = 600 代表沉积时间）。

图 6-8　电沉积电解池装置

电沉积过程采用如图 6-8 所示的电解池装置。

方案二：

(1) 催化剂的水热制备：称取总摩尔量为 0.04mol 的尿素与 0.01mol 氟化铵混合物并与 1.621g 六水合硝酸锌一同溶于去离子水中，磁力搅拌均匀后转移至 100mL 水热反应釜内，置于 100℃烘箱内加热 4h。随后自然降温至室温后对沉淀产物进行抽滤，烘干备用。

(2) 工作电极的制备：将 10mg 催化剂和 4mg 炭黑一起研磨充分后置于离心管中，分别加入 400μL 水、500μL 乙醇和 100μL 的 Nafion 溶液。摇匀后将油墨超声处理 30min，得到油墨悬浮液。用移液枪量取 100μL 催化剂油墨均匀地涂覆到炭纸上，干燥后制得工作电极。

方案三：

（1）配制电解液溶液：在常温条件下，首先将14.705g柠檬酸钠加入100mL去离子水中并持续搅拌至溶液澄清透明，然后依次在溶液中加入0.34g氯化铜、0.256g氯化亚锡以及2.73g氯化锌，添加药品过程中持续搅拌直至得到澄清透明的深蓝色溶液。

（2）制备前驱体样品：常温常压条件下，使用三电极系统进行电镀：碳棒作为对电极，Ag/AgCl（填充饱和KCl溶液）作为参比电极，炭纸作为工作电极；电镀方法：循环伏安法（CV）电镀，电镀电势范围：-1.1～-1.2V vs. Ag/AgCl；CV扫描速率：10mV/s。通过控制电镀时消耗的总电荷量来控制在衬底上电镀样品的含量，电镀电荷量控制为3C。电镀之后，使用去离子水冲洗干净并烘干。

（3）前驱体样品活化处理：在H形三电极系统中进行电化学活化处理。在H形电解池中，Pt片作为对电极，Ag/AgCl作为参比电极，前驱体样炭纸作为工作电极。工作电极和对电极同时置于阴极半池，对电极置于阳极半池，中间用质子交换膜隔开。电解液使用0.5M $KHCO_3$，通过循环伏安法对前驱体样品进行活化处理，电位扫描范围设置为-2～0.5V vs. Ag/AgCl；扫描速率为10mV/s；扫描周期设定为20圈。

3. 测试过程

（1）组建CO_2反应装置

电催化还原CO_2反应在Flow Cell系列气体扩散电解池装置系统中进行。该系统包括阴极液流池、阳极液流池、气体进口、气体出口连接气相等。

Ⅰ. 池体组装步骤

① 按对角顺序依次松开A层4颗螺丝；

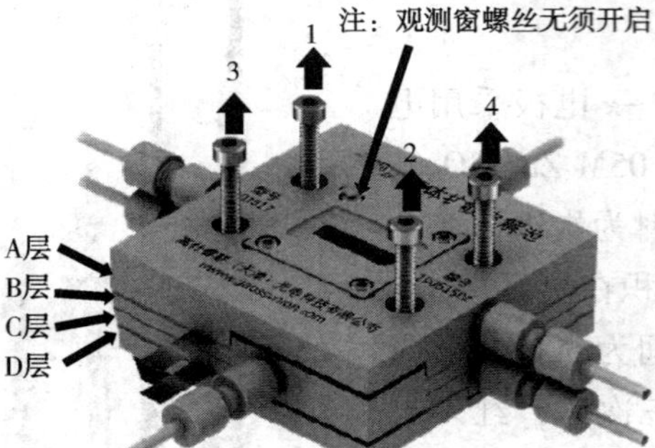

② 准备炭纸垫片层；

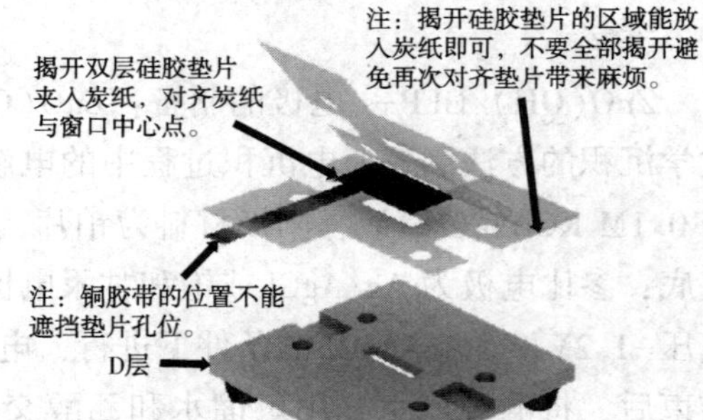

③ 安装炭纸垫片层；

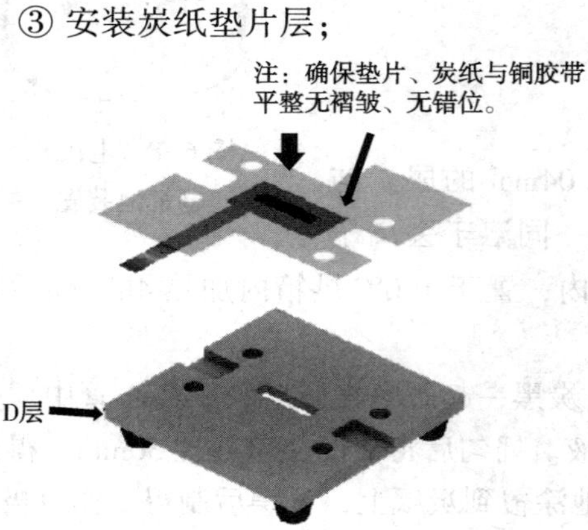

④ 安装C层；

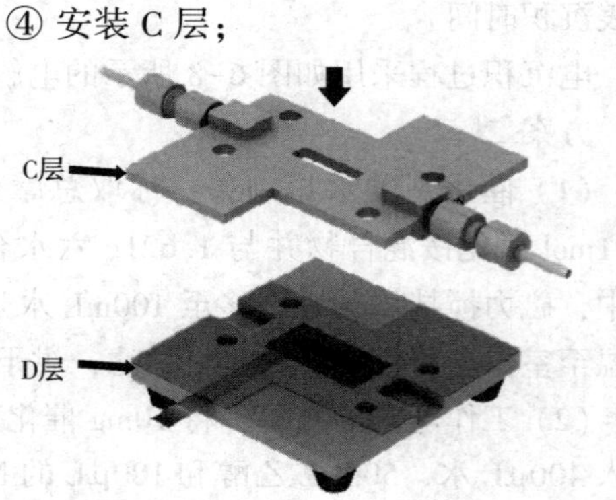

⑤ 安装交换膜垫片层；

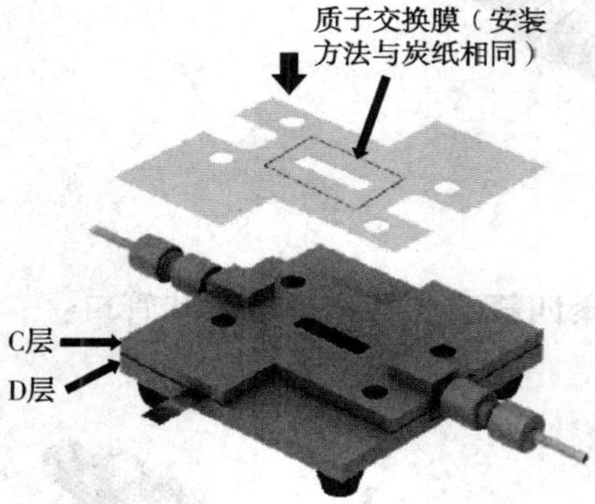

⑥ 安装 B 层；

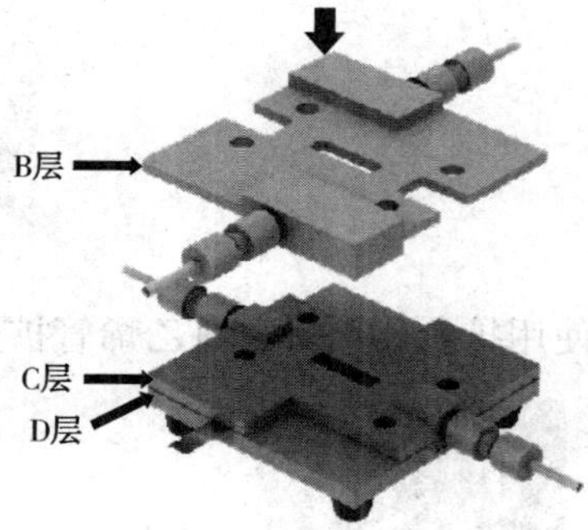

⑦ 安装炭纸垫片层；

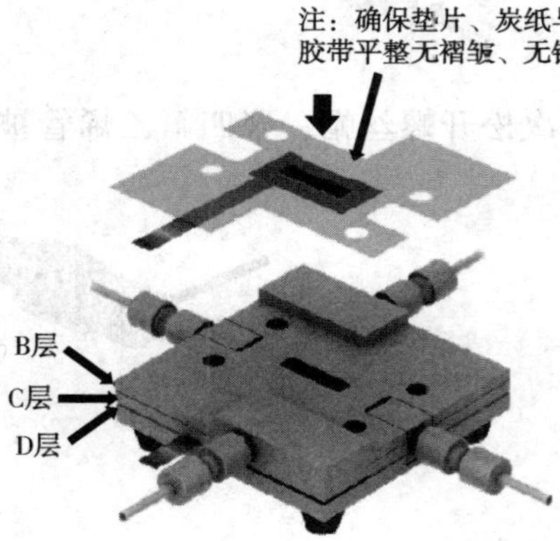

⑧ 安装 A 层；

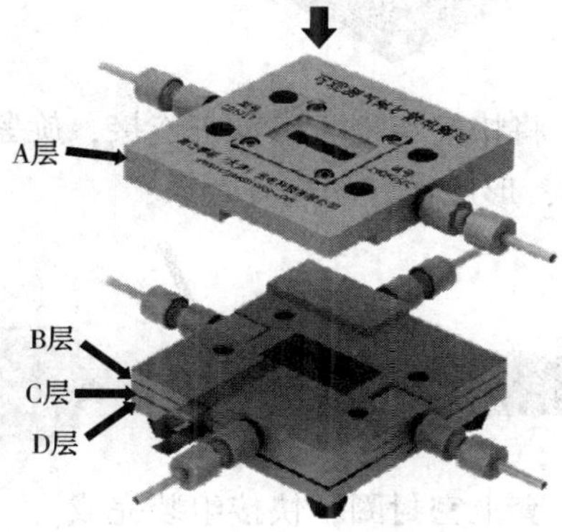

⑨ 按对角顺序依次旋紧 A 层 4 颗螺丝；

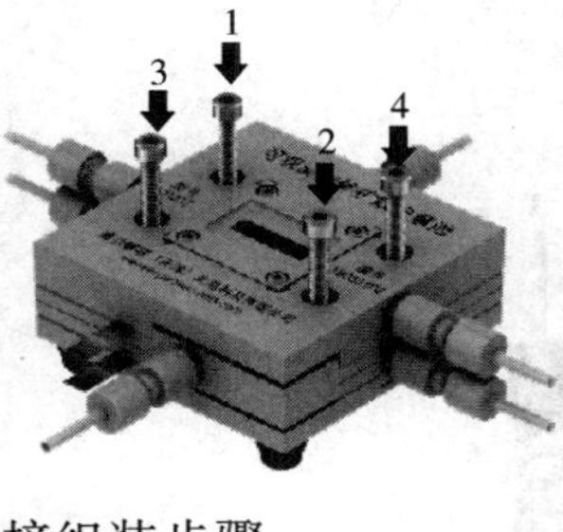

⑩ 电解池主体组装完成。

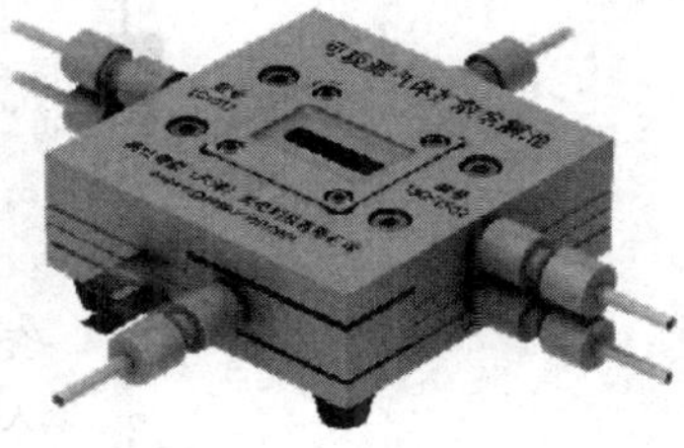

Ⅱ. 快接组装步骤

① 拧下快接螺丝帽；

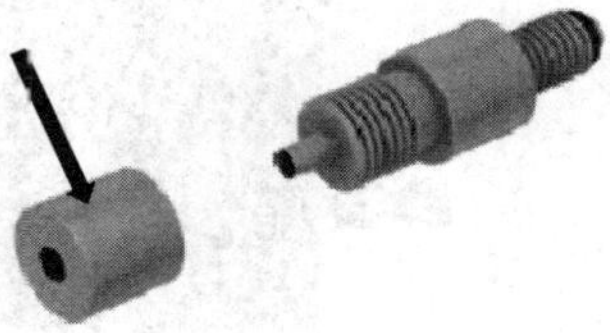

② 将聚四氟乙烯管穿过螺丝帽；

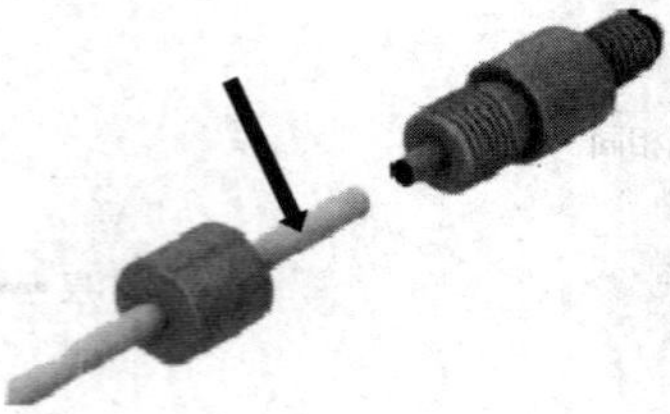

③ 使用扩孔器给聚四氟乙烯管扩口，扩口后的聚四氟乙烯管形成喇叭状管口；

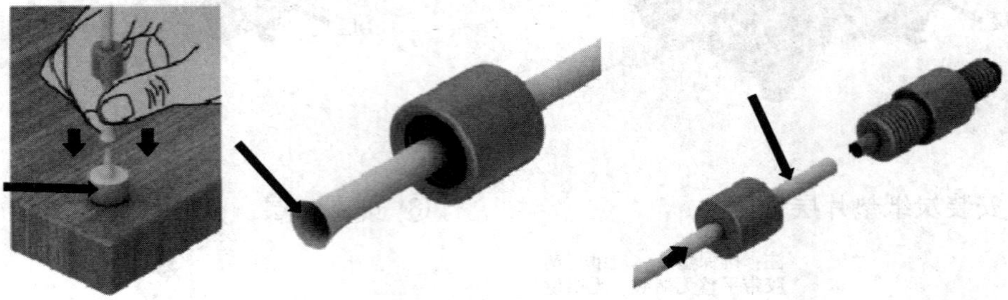

④ 将快接与喇叭口紧密连接，旋紧螺丝帽，再次松开螺丝帽，聚四氟乙烯管被挤压成法兰状，形成极好的连接效果；

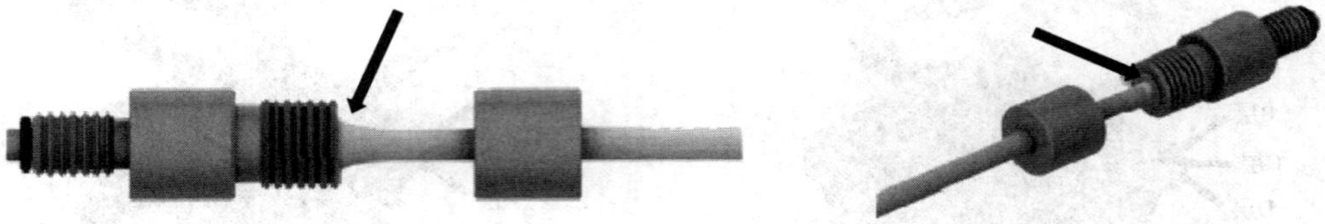

⑤ 套上密封圈，快接组装完成。

Ⅲ. 气体扩散电解池参比电极组装步骤

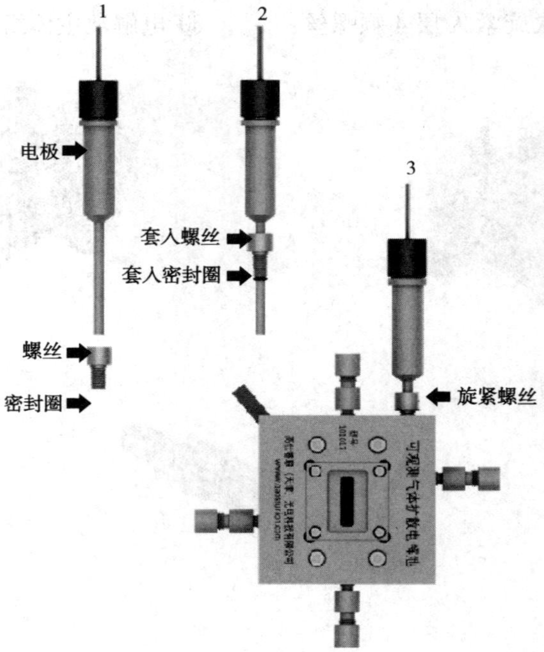

Ⅳ. CO_2还原反应总装置成套示意图(图 6-9)

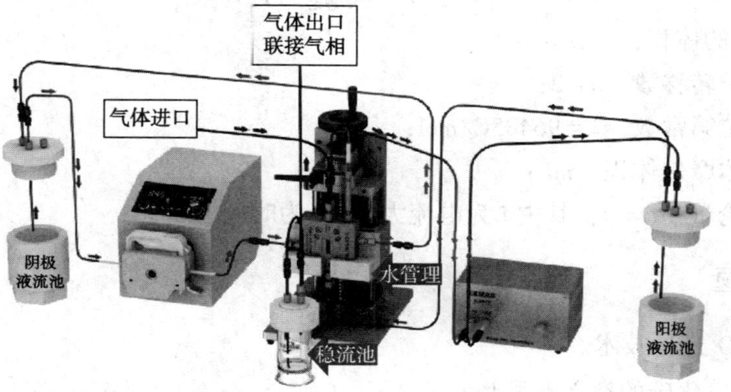

图 6-9 电催化还原 CO_2反应总装置示意图

(2) 通气

电解实验前，在气体进口处通入 CO_2，时间约为 30min。

(3) 电化学性能测试

① 线性扫描伏安曲线(LSV)测试：在 CO_2饱和的 0.1M $KHCO_3$电解液中进行测试，电位范围为-1～-2.5V，扫描速率为 20mV/s，观察测试结果。

② i-t 曲线测试，在-1.9V、-2.0V、-2.1V、-2.2V 四个电压下进行测试，测试时间均为 1h，观察测试结果。

(4) 在线分析

产生的 CO 和 H_2由气相色谱仪在线分析。反应期间，观察气相色谱仪数据并对其进行记录分析。

五、实验数据处理

1. 实验数据记录(表 6-5、表 6-6)

表 6-5 CO 速率与电压的变化表

电压/V									
色谱峰面积/μV · s									
产 CO 量/μmol									

表 6-6 H_2速率与电压的变化表

电压/V									
色谱峰面积/μV · s									
产 H_2量/μmol									

2. 数据处理

(1) 分别绘制产 CO 量和产 H_2量与电催化反应不同电压下的关系图。

(2) 计算 CO 生成的法拉第效率，根据下列公式计算法拉第效率，并进行比较分析；

$$法拉第效率=\frac{Q_{实际}}{Q_{理论}}=\frac{V\times n\times F}{V_m\times Q}$$

式中 V——CO 的体积，mL；

n——电子转移数，$n=2$；

F——法拉第常数，$F=96485C/mol$；

V_m——气体摩尔体积，mL；

Q——库伦量，$Q=it$，其中 i 为电流大小，t 为时间。

六、思考题

（1）简述 CO_2还原技术。

（2）减少二氧化碳的意义有哪些？

参 考 文 献

[1] 乐清华. 化学工程与工艺专业实验[M]. 3 版. 北京：化学工业出版社，2018.

[2] 冯艳红，等. 化学工程实验. 北京：中国科学技术大学出版社，2014.

[3] 陈键锋，等. 化学反应工程[M]. 5 版. 北京：化学工业出版社. 2024.

[4] 陈欢林，等. 新型分离技术[M]. 北京：化学工业出版社，2020.

[5] 袁渭康，等. 化学工程手册[M]. 北京：化学工业出版社，2019.

[6] 朱庆山，等. 气固流化床颗粒停留时间调控理论及应用[M]. 北京：化学工业出版社. 2020.

[7] 刘娜. 超临界 CO_2 流体萃取技术的应用[M]. 延吉：延边大学出版社，2024.

[8] 徐春明，等. 石油炼制工程(第五版 · 富媒体)[M]. 北京：石油工业出版社，2022.

[9] 王其召，等. TiO_2 基材料及光催化还原 CO_2 制备碳氢燃料[M]. 北京：中国石化出版社，2020.

[10] 韩博. 多重修饰氧化锌光电阴极催化二氧化碳还原[D]. 兰州大学，2018.